小川奈緒

伝え上手に
なりたい

扶桑社

はじめに

こんにちは、小川奈緒です。縁側のある古い一軒家で、２歳上の夫と、高校生の娘と３人で暮らしている、50代のエッセイストです。

かつては、ファッション雑誌の編集者としてハードな日々を送っていましたが、現在は、東京と川を挟んで隣り合っている千葉県の、のどかな住宅街で、執筆と発信活動でそれなりに忙しい毎日を過ごしています。

こんなわたしに、「伝え方や言語化をテーマに書いてみませんか」という出版のお誘いをいただきました。これまで12冊の著作を出してきましたが、家づくりや暮らし、インテリアなど、ライフスタイルを紹介するエッセイが多く、最初にご依頼をいただいたときは、不安と戸惑いが９割以上でした。

ビジネス書のコーナーに並ぶ、「これを読めばプレゼン上手になれる」「コミュニケーションの達人になれる」といった自信に満ちたタイトルの数々を思い浮かべながら、そこに肩を並べるような本を自分が書けるのだろうか、と。

大学を卒業して、出版社で働き始めてから、ちょうど30年。会社員だったのは最初の6年だけで、29歳からはずっとフリーランスとして、細々とではありますがマイペースに、そのぶん好きなように、文章を書いて生きてきました。

何を期待されているのか？　編集者の方に聞いてみると、日ごろから音声配信のVoicyで語っている、仕事や思考、人間関係の話がとてもわかりやすく、すんなり心に入ってくると感じたことが、企画発案のきっかけだとわかりました。

そう言われてみると、リスナーの方からも「奈緒さんのお話は、不思議なくらいスッと心に入ってきます」といった、うれしいご感想をよくいただきます。

わたし自身は「伝わりやすい話し方」を専門的に学んだ経験はなく、それでも「この人の話はわかりやすく伝わってくる」と他人が感じてくださる事実があるならば、それはなぜか、というポイントに真剣に向き合ってみるのも面白いかもしれない、と興味が湧いてきました。

これまで無自覚に、でもどこかで大切にしてきた「上手に伝えるコツ」のようなものを、書きながら探ってみたい。

それを単に自分だけがわかる感覚でまとめるのではなく、しっかりと文章に落とし込んで、読んでくださった方が仕事や暮らしの場面で実践しやすい内容として届けてみたい。それが、この本の始まりでした。

書き始めてみると、予想以上に多くの気づきがあり、この気づきは、きっと読んでくださる方にも役立ててもらえるだろうという手応えを感じています。

本書は、「自分を上手に伝えたい」「家族への思いを上手に伝えたい」「SNSの世界で上手に伝えたい」「悩みや意見を上手に伝えたい」という順で書いています。

語り口はエッセイですが、気負わず読んでいただく中に、すぐ実践できるヒントがあちこちに見つかるはずです。

具体例に挙げたエピソードは、いずれも実体験に基づいているので、考え方や言葉の使い方にも、リアリティーを感じていただきやすいと思います。

SNSによって誰もが発信者となれる今、上手に自分を表現し、趣味や価値観の合う人とつながり、合わないと感じる人とも対立せずに調和することを目指しながら、のびのびと生きていきたい。

大切な家族とも、ちょうどいい距離感を保ちながら、励まし合ったり支え合ったりして暮らしたい。

そうした願いを叶えながらしあわせに生きていくために、「上手に伝える」は何より大切なスキルです。

それでいて、言葉は生もの。上手な伝え方の土台となるのは、コピー&ペーストの便利な言い回しではなく、あくまで個人の考え方や視点の持ち方だと、わたしは考えています。

ですから、本書は伝え方や言語化をテーマにした本でありながら、「こういう場面ではこんなフレーズが使える」といった言葉集ではありません。

それでもきっと、1冊を読み終えるころには、相手の心に深く届く言葉が、以前よりもスムーズに出てくるようになっているはず。そうあってほしいと願いながら書いた本になります。

わたし自身、現在も進行形で探っている「もっと上手に伝えるには?」の課題に、自分ならどう伝えるだろう、と、一緒に考えていただけたらうれしいです。

目次

2章

家族への思いを上手に伝えたい

3章

SNSの世界で上手に伝えたい

4章

悩みや意見を上手に伝えたい

●コラム

イラスト　小池高弘

1章

自分を上手に伝えたい

「はじめまして」を印象づけるシンプルな方法

自己紹介にこの要素を盛り込むと、自己アピール効果と場の打ち解け効果の両方に効き目がある、とわたしが感じているポイントが2つ、あります。さて、なんでしょう？　答えは、「住んでいる場所」と「年齢」です。そんなこと？ と拍子抜けするくらいシンプルですが、実践している人は、案外少ないのではないでしょうか。

ここ数年は、初対面の方と仕事でお会いするときでも、相手がこちらのプロフィールや近況をSNSなどで調べておいてくださり、おかげで自己紹介抜きでも打ち解けやすくて助かる、と感じることが増えました。でも、地域の交流や習い事、子どもの学校関係など、誰も自分のことを知らない集まりで、突然、自己紹介を求められる場面だってもちろんあります。そんなときは状況に応じて、この2つのポイントを盛り込みながら、サラッと自己紹介するようにしています。

まず、「住んでいる場所」を伝える効果に気づいたのは、現在暮らす千葉県松戸市に越してきたことがきっかけでした。

その前は、東京の世田谷区に14年間暮らしていました。ファッション誌の仕事は時間が不規則なので、仕事でご一緒する人も隣の渋谷区や目黒区などの都心や、そこへのアクセスがいい地域に住む人ばかり。だから当時は、住んでいる場所をわざわざ言う必要もありませんでした。

娘を出産後、実家のそばに暮らしながら子育てと仕事を両立していこうと、出身地の松戸に戻ったものの、引っ越して1年ほどはファッション誌の仕事も続けていたので、早朝集合のロケの日はとくに大変でした。

松戸の自宅から都心に出るのに電車で1時間以上かかるため、タクシーと始発を乗り継いで、なんとか朝6時に渋谷に到着、ハチ公前でロケバスに乗り込むのです。

世田谷に住んでいたころは、自宅にロケバスが迎えに来てくれたので、都心と郊外を行き来するのは思っていた以上にハードだな……という実感が、やがて働き方そのものの見直しにもつながっていくのですが、それはさておき。

ある日、初顔合わせのスタッフが多い撮影現場で、「最近郊外に引っ越して、早朝ロケに出てくるのがホント大変で」とついこぼすと、誰かが「郊外ってどこですか？」と聞いてきました。松戸です、と答えると、「年1回、松戸にお墓参りに行っていますよ！」と別の誰かが言い出し、他にも「松戸の始発って何時？」「学校が柏だったから、松戸は電車で通過してました」「大学で松戸から通ってる友だちがいたなぁ」……などなど、急に話題が盛り上がって、びっくり。

さらに「なぜ松戸に引っ越したのか」という話から、子育ての大変さや、一度離れたからこそわかる地元の魅力、働き方の選択についてなど、はじめましての間柄でも、短時間で相手の価値観がのぞけるようなコミュニケーションが自然に生まれ、その信頼感や安心感が、仕事にもよい影響をもたらした感覚がありました。

考えてみれば、誰にとっても「どこに住むか」は大事な問題です。その土地を選んだのには必ず理由や背景があって、だから住んでいる場所を知ることは、相手のプロフィールをより深く立体的に知ることにつながると思っています。

14年間も世田谷に住んでいたのに、引っ越して1年足らずで「松戸の人」としてすっかり認知されるなんて、なんだか不思議でしたが、それから10年以上が経ち、エッセイストと名乗るようになった今も、暮らす場所は自分の個性の一つと捉えて、文章や話に盛り込むようにしています。

もう一つのポイント、「年齢を自分から明かす」については、人によって賛否が分かれるであろうことは前提でお伝えします。初対面で年齢を聞いたり、やたらと歳を気にするなんて日本人くらいだ、という批判もよく聞きますし、もちろんわたしも、自分の年齢をわざわざ言いたくない人にこの方法をすすめるつもりはありません。

わたし自身が、自ら年齢を明かす効用を感じたのは、主に子育ての領域においてです。

子どもが保育園や小学校に通った時期、日々の送迎や保護者会で周囲を見回すと、自分が一番年長かな、と感じることがよくありました。わたしには30代後半で出産した娘が一人いますが、地域には20代から30歳前後でママになっている人が多い印象。そんな中でも、この人とはなんとなく気が合いそう、と思った人と立ち話をしたとき、会話の流れでふと「わたしは○年生まれで」と言ってみたところ、すぐに相手が「わたしは○年生まれ。じゃあ、学年で○個違いだね」「つまり、ざっくり同年代だね」と、一気に親しみが湧いたのでした。

相手からは、少し年上と見えるわたしに年齢は聞きづらいだろうし、でも、年齢がわかるとプロフィールがはっきりして、ときには「きょうだいと同い年」といった接点が見つかることも。

相手から興味も向けられていないのに、わざわざ自分の年齢を言おうとは思いませんが、知りたいのに聞けないのかな、という空気を少しでも感じたら、サラッと「わたしは○年生まれ」と言います。このとき「○歳」という言い方をしないほうがスマートで、同い年ではなくても「同世代」という感覚が生まれやすい気がします。

もちろん同世代でも、世代が違っても、波長が合う人と合わない人がいます。それでもはじめましての場では、なにかしらとっかかりがあると、会話が盛り上がりやすいのは事実。その点、住んでいる場所と年齢を早めに伝え合うことは、高度な会話のテクニックも不要で、そのわりに心理的な距離をぐっと縮める効果が大きいように感じています。

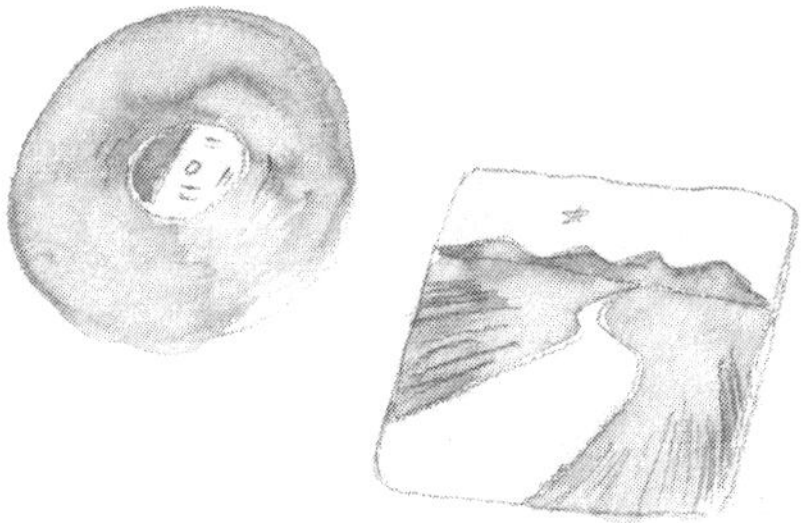

「人見知りで」は言わないのがマナー

コミュニケーション能力が高い低いに関係なく、他人と過ごすならば、その場に自分がどんなテンションで参加するかが、何より大切だと思っています。

人それぞれキャラクターがあって、顔立ちや体格、声のトーンや話し方など、見た目から醸し出される雰囲気が明るい人、落ち着いて見える人もいますが、せめて「暗い」「怖い」、だから「話しかけにくい」といった印象を周囲に与えないことは、大人としてのマナーだと心得るようになりました。

そういうわたしは、20代はおろか30代のころも、初対面ですべての人に対して「感じがいい」と思われる態度で接していた自信はありません。

雑誌編集者という立場上、毎日たくさんの人とお会いする機会がありましたが、大半はクリエーターの方々で、「いい作品さえつくっていれば社会性は関係ない」という時代の風潮もあり、よくいえば自分に正直、逆にいうと他人に気を遣わないタイプの人がたくさんいました。むしろ、そのほうがクリエーターっぽくてカッコいい、という価値観さえあったかもしれません。

わたしは内心「やりづらいなぁ」と思いながらも、編集者として、そうした人にもできるだけよい気分で仕事をしてもらえるように撮影の環境を用意したり、締め切りまでに納品してもらったりしていましたが、媚びへつらうような態度をとる必要はないと思っていたし、なめられたくない気持ちもどこかにあって、自分自身がまとっていた空気感も、今よりオープンではなかったかもしれません。

仕事仲間には「わたし（僕）、人見知りだから」と堂々と自己アピールする人もいて、彼らから「でも小川さんとは仕事しやすいんだよね」などと言われると、編集者としての能力をほめられたような錯覚に陥ったものです。

でも、そうした言動も20年前だから許容された話。今はアウト、という意識を持っています。コミュ力は高くなくとも、せめて「人見知りなので」は言わないほうがいいし、相手が誰であろうと、長い時間でも短い時間でも、しょっぱなからできるだけよいテンションで人と接するべきだと思っています。

よいテンションは、ハイテンションとは違います。テンションが低かったり不機嫌だったりするのは論外として、ハイでもローでもないフラットな状態であること、それでいて他人に対して基本的にオープンでありさえすればいい。その姿勢でいる限りマナー違反ではないし、そのうえで、自然な笑顔や会話力を身につけられたら、なおよし。

20年前はセーフ、あるいはカッコいいとさえ見られていた態度が、なぜ今はアウトなのかというと、何においてもスピード感が求められる時代になったことと関係している気がします。

かつては、「初対面では不機嫌そうな振る舞いをされて、印象は最悪だったけれど、付き合ううちに、むしろ情に厚くて人間味あふれる人だとだんだんわかってきた」というような、時間をかけて他人の印象や自分の感情が変化していく、ときにはひっくり返ることもあるという前提を、みんなが持ち合わせていたように思うのです。人間関係を育むことへの時間や気持ちの余裕があった、ともいえるでしょう。

ところが、情報が早くたくさん取れる時代になり、その進化が加速するにつれて、わたしたちが一つ一つの判断を下すスピードも上げる必要が出てきました。人も、モノも、パッと見ていいと感じる相手が、簡単にたくさん見つかりやすくなったぶん、「これは残そう」「これはナシ」というジャッジをどんどんしていかないと、選択肢が増えすぎて迷子になってしまう。だから最初の印象が大事なのです。いい悪いではなく、ただそういう時代になったんだという実感が、わたしの中にはあります。

時代がどう変化しようと、人見知りキャラを一生貫く覚悟を決めているなら別だけれど、単なるコミュニケーションへの苦手意識から、他人との壁や距離をつくってしまう言葉を何気なく発しているとしたら……その裏でたくさんのチャンスや可能性を失っているかもしれない。そう考えると、最初のテンションや口にする言葉には慎重になったほうがいい、と思うのです。

始まりが鍵を握るのは、対面のコミュニケーションに限らず、文章においても同じ。それを学ばせてもらった、こんな出来事がありました。

フリーになってまだ駆け出しのころ、ファッション誌のライターとして、おしゃれな著名人の普段着を取材してコメント記事を書く、という仕事をしたときのことです。

「実はコーディネートをあれこれ考えるのは苦手なんです」と、取材相手が実際に語った一文から始まる原稿を書いて提出すると、担当編集の方から、その導入について指摘を受けました。

「そもそもこの人がおしゃれだから誌面に出てもらうわけで、本人が謙遜や牽制のために発したネガティブなニュアンスの言葉をわざわざ拾う必要はない」と、赤ペンで冒頭の一文を削除されたとき、自分が書いた文章にいきなりケチをつけられたようでショックでしたが、削ってみればたしかに、取材相手のおしゃれな魅力がストレートに伝わるテキストになり、なるほど、と思いました。

わたしたちはつい、自信のなさや遠慮から、場のテンションを下げかねない言葉を発してしまいがち。そういう口癖のような言葉を、まずは使わないと自分に約束してみる。それだけで、「一緒にいて気持ちのいい人」に一歩近づけるのです。

「自分の好きなこと」は反対側から見つける

「子どものころから本を読むことと文章を書くことが好きで、今は物書きをしています」と言うと、「ずっと好きだったことを仕事にしたなんてすごい」と言っていただくことがあります。

でも、わたしの場合はむしろ「好きなこと」の反対側、つまり苦手なことや違和感をやり過ごせない性格が、今の場所に自分を導いてくれたと思っています。

たとえば「本が好き」といっても、「学校の図書室の本を全部読み尽くした」と豪語できるレベルの読書家ではありません。内情を告白すると、父が超体育会系人間、母もゴルフ好き、姉は幼少期からバレエを習い、兄もサッカーで大活躍、というスポーツ家系にもかかわらず、「わたしは運動が得意じゃないし、好きでもない」という自覚が物心つくころにはありました。

小学生で入会させられたジュニアテニスクラブも仮病で休んでばかり。リビングでテレビを見るわけにもいかず、自分の部屋で、5歳上の姉が買っていたファッション誌をすみずみまで読み耽り、きょうだいに1冊ずつ与えられた日記帳に日々の出来事を書いて暇をつぶす……そんな子どもでした。

「外で大勢で遊ぶより、家にいるほうが楽しい」。この志向に早くから気づいたのは、親から本をたくさん買い与えられたからではなく、運動神経のいい姉や兄に劣等感を抱きながら外遊びをするのが苦痛だったからです。

その後、愛読する雑誌の影響を受けて、中学生以降はファッション、映画、音楽に夢中。しかし、高校受験で滑り止めとして受けた厳格な女子校に進学すると、青春もおあずけの暗黒期が待っていました。今思えばのどかな女子校生活とも呼べる日々でしたが、好きな雑誌や音楽の話で盛り上がれる相手が見つからず、「大学は共学に行って、趣味の合う友だちを見つけるんだ」と受験勉強に励みました。このときも、「ここは自分が来るべき場所ではなかった」という息苦しさのような思いが、勉強の原動力になっていたと思います。

大学では、ファッションやカルチャーを語り合える友人と出会えて楽しい4年間を過ごしましたが、時代は就職氷河期。出版社に絞った就職活動は惨敗し、大手出版社を独立した数名が立ち上げた小さな出版社に、新卒社員として拾ってもらいました。ところが、今でいうブラック企業の過酷な労働環境に、ストレスで生理が止まってしまい、1年で退社。数ヶ月後に中途入社した出版社は、雑誌の売り上げを急速に伸ばして勢いに乗る会社で、10代のころに夢見た女性ファッション誌の編集者になることができました。

1社目と違い、名刺を出せば誰もが知っている会社に入ったことは、わかりやすく自己肯定感を上げてくれましたが、2、3年も経つと、「ここは自分の居場所じゃない」という違和感が少しずつ芽生えてきました。それをはっきりと「焦り」というかたちで認識したときのことを、今でもよく覚えています。

当時、毎号楽しみに買っていたインディーズ系のカルチャー誌で、読みごたえのあるロングインタビューを読んだら、ライターのクレジットに見覚えがありました。

数年前に業界内交流会で名刺交換をした編集者で、たしか同い年だったはず。話したときの印象は、早口でノリの軽い感じの男性でしたが、そのインタビューの文章は硬派で骨太で、純粋にカッコいいと思いました。また、わたしが書き手の顔を思い浮かべながらその記事を読めるのは、署名原稿だからだ、と気づいたこともショックでした。当時のわたしは、毎号数十万部を売り上げる人気雑誌で、巻頭ファッションページも任される20代後半の中堅編集部員でしたが、社員なので、担当したページに名前がクレジットされません。また、文章を書くことが好きだったわりに、主な仕事はファッションページのビジュアルをつくること。それも、自ら撮影やスタイリングをするわけではなく、それぞれの専門のクリエーターをキャスティングし、彼らを束ねて撮影現場を取り仕切り、写真を邪魔しない程度の原稿を少しだけ書いて、誌面を構成するというもの。最新の流行を追いかける華やかな業界で、気鋭のクリエーターたちと仕事ができる魅力的な立場ではありましたが、これが自分の一番やりたかったことなのか、この先も一生やっていきたい仕事なのか、とあらためて考えてみると、答えは明らかでした。

「自分の代わりはいくらでもいる」という現実に、頭をガツンと殴られる思いでした。誌面に名前が出ないなら、わたしがこの場からいなくなっても、読者は誰も気づきません。

もちろん、表に名前が出ることばかりが価値のあることではないし、名前なんて出なくても、誇りとやりがいを持って仕事をしている人はたくさんいます。それは理解したうえで、わたしは、有名な会社で毎月高いお給料をもらえる安心感より、代わりがきく仕事で毎日が忙しく過ぎていくことへの違和感のほうを大切にして、フリーランスになる決意をしました。

あれから20年以上が経ち、今は自分の名前で本を出し、好きなことを仕事にできている自負もありますが、これは好きを追求した結果というより、違和感を見て見ぬふりしなかった結果であることが、なんとなくでも伝わったでしょうか。

もし、自分の好きなことが見つからないなら、好きの反対側、つまり「ここじゃない」「これじゃない」にしっかり向き合いながら道を選んでいけば、結果的に「好きなことを仕事にしている」という場所にたどり着いているかもしれない。そう、ルートは一つではないのです。

話したい、聞きたい、というエネルギーが生む力

初対面の相手ともすぐ打ち解けられて、対話を深められるのがコミュニケーション能力だとすれば、持って生まれた性格に関係なく、今からでも身につけて高めていきたいものです。

わたし自身もともと社交的なタイプではなく、本を読むこと、文章を書くことが好きだからと出版社に入り、雑誌の編集という仕事に長く携わることになりましたが、そこで求められ、鍛えられたのは、文章力よりコミュニケーション力のほうだった気がします。

なぜなら雑誌は、いろいろな人の話を集め、それらを編んでつくる書物だから。

編集者が自分のことを主観で書くページなんて、実はほとんどないのです。著名人のインタビューページはもちろん、ファッションページでも、ブランドのプレスやデザイナーさんに話を聞き、撮影ではスタイリストさんにコーディネートのポイントを聞いて、原稿を書きます。

その仕事を15年以上続けたのち、書籍の著者という立場にシフトチェンジした今も、本の中で対談やインタビューページ、家と人のルポをコラムとして差し込む、という手法はよく使うので、「人に話を聞くこと」は今でも続けている仕事の一つです。

ライターやインタビュアーとして人に会って話を聞くとき、わたしが決めているのはとてもシンプルなこと。それは「できる限り事前に調べて準備していく」。同業者でもそれぞれのスタイルや主義があるので正解はありませんが、わたしがこれを鉄則にしているのは、それが相手への誠意だと信じているからです。

大前提として、話を聞く側は、話をする側に対して、最初から興味と好意を持っていなくては場が成り立ちません。プライベートな友人でもないのに時間をつくってもらう以上、「この相手には話をしてもいいいな」と感じてもらうこと。そのうえで気持ちよく話してもらわなければいけない。あえて「いけない」と強い言葉を使うのは、それが自分の手がける原稿の出来に直結する問題だからです。こちらの興味と聞き方がぼんやりしていると、ぼんやりした答えしか返って来ず、表面をなぞるような対話のまま時間切れ。すると、文章もありきたりなものになってしまう。

近年は自分が取材を受ける側に立つ機会も多く、初対面で人と対話をするというコミュニケーションの奥深さをますます感じながら、どんな記事も、聞き手のエネルギーがあってこそだと実感しています。

取材の依頼は、家やキャリアの話など、さまざまなテーマでいただきますが、相手が「どれくらい」わたしに話を聞きたいと思ってここに来てくださったのか、その熱量は不思議なほどリアルに伝わってきます。

わたしの本や発信を事前に読んでくださっているのか、いつからわたしという存在を知り、注目するようになったのか。最初に言葉で伝えてきてくれると、こちらとしては純粋にうれしいし、仕事を超えた個人的な好意が感じられて、心を許せる気がします。

だから、わたしも取材をする側になるときは、まず最初に「あなたのことがどれくらい好きか」という好意を、具体的に伝えるようにしています。伝えるからには、それだけの事実が必要なので、必然的に、会う前はしっかり準備するわけです。

そういえば、わたしがパーソナリティーをしている音声プラットフォームのＶｏｉｃｙには、「Ｖｏｉｃｙ　ＦＥＳ」という年1回の対談イベントがあり、ある年の出演前日の生放送に登壇して、「本番に向けていい具合に仕上がってます」と話したら、同じく出演を控えたパーソナリティーさんから「あそこで『仕上がってる』と言えるなんて」と驚かれました。

なぜそんなふうに言えたのか。それは、わたしなりに使える時間はすべて使って、対談相手の放送や著作、ＹｏｕＴｕｂｅなどの発信をインプットし、会う前から相手のことが大好きになって、早く話がしたい！という気持ちが前日の段階で満タンになっていたからです。その熱量はきっと相手に伝わり、よい対話にならないはずがないという自信が、強気の発言となって現れたのでしょう。

初めて会った相手に、「こんなにもあなたのことをいっぱい調べてきました」

と伝えるのは怖いかもしれませんが、それでも勇気を出して伝えたほうがいいのです。

誰でも、自分を好きと言ってくれる相手に、悪い感情は持ちません。その第一印象が、短い時間でも心を開いて話そうとする姿勢を引き出します。

コミュニケーションは、いわば人と人とのエネルギー交換。まずはこちらから差し出すエネルギーが強ければ、返ってくるエネルギーも強くなる。逆もまた然りです。

そのエネルギーが宿るのが言葉であり、だから仕事でもプライベートでも、この人とはよい関係を持ちたいと思う相手には、まずポジティブな言葉を届けるのです。

さらに、最近わたしがお会いする方からエネルギーを感じるのは、目。その人の内面がそのまま現れ、オーラとなって見える気がします。

好奇心でいっぱいの子どもの目がキラキラしているように、大人でも、相手にどれくらい興味関心を抱いているか、話したいと思っているかは、目の輝きの強さに表れる。わが家のワークショップにお越しくださる方の目はみなさんキラキラ輝いているし、先述の「わたしにどれくらい興味を持って取材に来てくれたのか」も、相手の目の力でわかります。

目には、好奇心だけでなく、体調も表れます。寝不足なら目が充血するし、お酒が体内で分解されきっていないと濁った目になります。そう考えると、コミュニケーション能力には、健康状態も、意外と関わっているのかもしれません。

緊張は前向きに受け入れればいい

「緊張」とどんなふうに付き合っていますか？

わたしは、緊張に強いタイプだという自覚はないのに、子どものころから「いつも堂々として落ち着いている」と言われるタイプです。

トークイベントや講演会、テレビやウェブコンテンツの取材、ラジオ出演にVoicy FESなど、大勢の方を対象にして話をする機会では、毎回それなりに緊張しますが、緊張すること自体に真剣に悩んだことは、そういえばありません。そんな調子だから、傍からはどんな状況でも落ち着いている人に見えるのでしょう。

そもそも緊張することって、そんなに悪いことでしょうか。むしろ心理状態としては自然な現象で、異常事態として慌てる必要はないと思うのです。

普段とはまったく違う環境に身を置けば、誰だって緊張します。それは小さな子どもも、大人も同じ。逆に、毎日違う顔ぶれの場所に出かける生活を送っている人は、どこへ行こうと誰と会おうと緊張しにくいかもしれません。

その点、わたしは普段、郊外にある古い家でコツコツと執筆を行い、接するのも家族とごく限られた人たち、という生活を送っているため、大きな会場で、はじめましてのたくさんの方々を前に話すとなれば、もちろん緊張します。でもそんなときは「そりゃそうだ。緊張するのが自然だよ」と、顔や体がこわばっている自分をまず客観的に見つめながら、丸ごと受け入れてあげます。

このとき、「ダメダメ、そんなに緊張しちゃ。もっとリラックスしないと！」と、自分に喝を入れないこと。緊張している自分を否定せず、ぽんぽんと肩を叩いてあげるように向き合えばいいのです。そして、深呼吸を繰り返し、肩を後ろに引いて胸を開いて、「まぁ、そんなにひどいことにはならないはず。数時間後には終わって、最高にハッピーな気分で乾杯してるでしょ」と自分に言い聞かせれば、不思議とどっしりした心持ちになれます。

アスリートや舞台上でパフォーマンスをするような人は別として、緊張しているくらいで最悪の結果になるなんてケースは、そうそうありません。緊張する経験は誰にでもあるので、緊張している様子が他人から見えたところで、それが不利にはたらくことはないのです。むしろ、「がんばれ！」と応援する気持ちになったり、緊張しながらもしっかり発表を終えた人には盛大な拍手を送りたくなったり。自分が聴衆側に回ったら、きっとそうではないでしょうか。

だから、もし緊張しても、無理に隠そうとしなくていい。声が震えても、うわずっても大丈夫。笑う人やあくびをする人が目に入っても、おかげで一瞬、冷静さを取り戻すことができてラッキー、くらいに受け止める。大切なのは、ありのままの自分をオープンにすること。自分以上に見せようとしたり、必要以上に卑下して自信なさげにビクビクしたりすると、かえってその不自然さが悪目立ちしてしまいます。

要は、見ている人から「この人、いい感じだな」と思ってもらえればいいのです。そして人は、自然体な人には好感を抱くものです。ならば、緊張しているなら、そのままの自分でベストを尽くせばいい。語りがつっかえても、汗をいっぱいかいても、一生懸命やっている姿ならば不快感を与えません。緊張している自分が温かく受け入れられている空気が伝わってくれば、いつの間にか緊張も解け、リラックスして力を発揮しやすくもなります。

そう考えると、緊張は敵どころか、むしろ武器にもできるといえますが、いずれにしても心の支えとなるのは「準備」です。どんなに緊張しても、これだけ準備したから大丈夫、と思えるものがあれば、怖がることはありません。

たとえばプレゼンなら資料、自己紹介ならポイントを書き込んだメモを事前に用意して、必要に応じてそれを見ればいいのです。汗をかきそうな予感がするなら、お気に入りのハンカチに好きな香りを含ませてポケットに。試験となると自由に振る舞えませんが、本番に備えてできる限りのことはやってきた、と思えるなら、あとはもう出た場所でやれることをやるだけ。最後は「前向きに開き直る」という姿勢も大切です。

ところで、近年もっとも緊張したのはいつだったかな……と思い返してみると、講演でもイベント登壇でもなく、ヨガインストラクター資格講座のティーチング練習でした。自分がインストラクター役、他の受講生を生徒役に見立てて、体と声を使ってポーズの指導をする発表を行うのですが、オンラインにもかかわらず、心臓がドックン、ドックン、と鳴る音をマイクが拾うんじゃないかと心配になるくらい緊張しました。

その緊張はみんな同じらしく、だから手を上げて発表する人はわずか。その数も日に日に減っていきましたが、わたしは「とにかく緊張しなくなるまで毎日手を上げる」と心に決め、余計なことは考えずに、ただ自分との約束を守って淡々と実行しました。しばらくすると、緊張しながら発表すること自体に慣れていき、「やっぱりこれしか方法はないんだ」と悟りました。つまり、緊張を克服したいなら、場数を踏んで慣れるしかないのです。

もう一つ、わたしが比較的、緊張を怖がっていない理由は、もともと大勢の人から支持されようとしていないからかもしれません。

自分の評価を他人に委ねている限り、いつまでも自信なんて持てない。けれど、自分が自分を見て「よくがんばったね」と思えれば、それでいいと思っています。いってみればこれも「前向きな開き直り」といえそうです。

苦い体験と数字がキラーコンテンツを生む

失敗や挫折を多く味わった人の話ほど面白い、というのは、編集者やライターの仕事で、たくさんの方に話を聞いてきた経験から得た実感です。

でも考えてみれば、生きていて失敗や挫折を経験したことがないという人もいないはず。だったら、それを面白く語れるか、そうでないかの違いが、人の魅力の差を生むのかもしれません。

前提として、何かに失敗した話は、成功談よりも圧倒的に共感を得やすい。そのうえで、誰だって失敗続きの人生なんてイヤだし、「苦い思いをたくさん味わったからこそ、しあわせで充実した今がある」というストーリーを求めています。

その視点を一つ持ってみると、どんなインタビュー記事もドキュメンタリー番組も、基本はその型に沿ってつくられていることに気づきます。誰かの講演だって、苦難を乗り越えた先に輝いている人の話を聞いてみたいと、たくさんの人が集まってくるのです。

だから自分の失敗も、伝え方次第でキラーコンテンツになるのです。ただし、事実をだいぶ誇張してネタにしているな、という匂いに人は敏感なもの。リアルな失敗談には共感や好感を抱きますが、行きすぎると信用を失うので、表現には注意が必要です。

計算されていないカッコ悪い姿をサラッとオープンにできる人が、多くの人を魅了するのです。ならば、過去はもちろん、現在進行形でも、「こんなにもうまくいかない（いかなかった）」という実感は、どんどん語ったほうがいい。そのとき、「同じようにうまくいかないと悩んでいる人を元気づけたい」「自分一人じゃないと安心してほしい」という気持ちを持つこと。実際に言葉として語るかどうかは状況によりますが、あざとさを感じる自己アピールではなく、自分の体験が誰かの役に立てば、という思いから発せられる言葉は、必ず、声や表情や空気感となって伝わります。

そのことに、わたしは音声配信を始めて気づきました。以前も、遠くにぼんやりと読者の方を思い浮かべながら文章を書いていましたが、Ｖｏｉｃｙでは、リスナーさんの存在をより身近に感じられます。わたしが過去や現在、もっとこうなりたいという目標に向かってあがく姿に励まされるという声がたくさん届き、それを受け止めているうちに、一見ありがたくない出来事も、誰かにとっては価値を感じてもらえる話に昇華できると知ったのです。

その際、意識として持っておくといいのが、「数字で見せる」こと。これもデフォルメせず、ちゃんと事実を伝えることが条件ですが、たとえばダイエット効果を謳う広告がわかりやすいように、「どれくらいの期間で」「どれだけ多くの人が」「こんなにも成果が出た」を必ず数字で伝えています。すると、見せられた側は「自分もできるかもしれない」と心が動くのです。

こんなこと、ビジネスにおいては常識だと思いますが、恥ずかしながら、わたしが意識して実践するようになったのは近年のことです。以前は、なんでも数字で明示するなんて無粋だし情緒に欠ける、くらいに思っていたのですが、今になってみると、ひとりよがりな理屈を並べていただけだと反省しています。

誰もが日々忙しく、時間がない中で、その人たちの興味を引きたい、話を聞いてほしいと思ったら、短時間でインパクトのあるプレゼンをするしかない。Voicyの他のパーソナリティーさんの話を聞いたり、インスタグラムの魅力的な投稿を見たりするうちに、自分もそうした手法を取り入れたほうがいいと思うようになりました。

たとえば、自分にとっては暗黒期だった40代の話をするときは、「雑誌編集者から書籍の著者に転身したら収入が半減。でも年1冊は著作を出版することを目標に、約10年間で10冊の本を出してきた」と説明したり、新刊の告知をするときは「12冊目の作品にして、発売から10日で重版、さらに1ヶ月で3刷を達成」など、具体的な数字で伝えることで、わたしのことを知らない人でも、感覚的に「すごいな」と反応してもらいやすくなります。

このとき、「世の中にはもっとすごい人がいくらでもいるのに、この程度の数字を見せるなんてかえって恥ずかしい」といった自意識は捨て去ること。自分から見てすごいと思う人でも、数字的には、その実績さえ上回る人が世の中にはいます。数字は、他者との比較のために持ち出すのではなく、ただ自分が積み上げてきた結果を簡潔に伝えてくれる便利なツールとして、「こうして見せたほうがわかりやすいから」という割り切りでもって使えばいいのです。

　わたしが自己紹介で使っている数字も、いってみればツッコミどころは満載です。1冊で数十万部売り上げるベストセラー本だってこの世にはあるのに、わたしの本はライフスタイルコーナーの棚にひっそり差してあることがほとんど。それでも、10年かけて10冊以上出してきたことも、初版の部数が少しずつ増えてきていることも、発売から重版までが早くなってきていることも事実であって、それを誰かと比べて少ない、遅い、とあげつらって笑う人なんていません。

　大切なのは、手痛い失敗をしても、また起き上がって歩き始めること。その体験や、地道に積み上げてきたものを、わかりやすく人に伝えること。そうした道のりをしっかり伝えられたとき、自分ではカッコ悪いと思っていた過去さえも、誰かの心を希望の光で照らすストーリーになるのです。

心に届くのは用意した正しい話より生の声

ヨガインストラクター資格の講座を受講中、もっとも苦しんだのは、ティーチングの練習でした。

ティーチングとは、講師から生徒に、体と言葉でポーズの説明をすることです。

たとえば、これから太陽礼拝を始める、といったときは、「まずマットの上に、両足を揃えて立ちましょう。胸は開いて、お腹は軽く内側に引き締めて、鼻から吸って、鼻から吐く呼吸をゆっくり繰り返します」とか、「両足裏はしっかり大地に根づかせるようにマットを踏みしめ、反対に頭頂は、空から引っ張られているように、背骨1本1本の間隔を広げるイメージで伸ばして……」とか。

そうした声かけを、適切な言葉とタイミングでできるようになる練習を、自分が講師役、他の受講生を生徒さん役に見立てて、先生からアドバイスをもらいながら、毎日行うのです。

受講した講座はすべてオンラインでしたが、このティーチングの発表は、近年ここまでのレベルは経験したことがないほど緊張しました。

生徒側としてヨガレッスンを受けるときは、当たり前のものとして受け取っているインストラクターさんの声かけが、実はこれほど難易度の高いプレゼンだったのか！ と、今さらながら、これまで自分が習ってきたヨガの先生たちを尊敬し直したものです。

ティーチングがむずかしい、恥ずかしい、と感じるのは、受講生ほぼ全員に共通する悩みらしく、発表者は任意で手を挙げて見てもらうルールでしたが、その人数はわずか。しかも日を追うごとにその数も減っていきます。

わたしは、何においても「やろうかな、どうしようかな」と悩む時間が苦手。迷ってモヤモヤする感じが不快なのです。やるならやる、やらないならやらないと、さっさと決めてしまいたい。

ティーチングはたしかにむずかしいし、恥ずかしい。けれど、その段階を脱け出さない限り、資格を取れてもレッスンは開催できません。

とにかく回数をこなしていれば、そのうち慣れていくだろうと、自分がうまいか下手かは考えず、毎日手を挙げることだけは決めて、実践しました。

数回もやると、緊張することや、恥ずかしいという気持ち自体に慣れて、相変わらず声は震えるものの、最終日までティーチング発表をする、という自分との約束は守ることができました。

そんなティーチング練習で、先生が指導してくれたことの一つに「発する言葉がセリフになってはいけない」というものがありました。

どのポーズにも、脚を曲げる角度、意識を送る部位など、注意すべきポイントがあり、それを言葉で伝えるわけですが、いかにも暗記した通りの「セリフ」だと、いくら正しい内容でも、相手の心には響きません。それより、実際に自分も体を動かし、今まさに体が感じていることを言葉に変換して伝える。そのとき、「ひじ、じゃなかった、ひざの裏側が伸びているかどうか意識して」などと言い間違えをしたとしても、ライブ感のある言葉としてちゃんと届くのだと、何度も教わりました。

この練習を通して、毎日のように思っていたのは、まさに音声配信も同じだ、ということです。

Ｖｏｉｃｙを始めてから約半年間、わたしは毎回の放送の台本を書き、それを読んで収録していました。

文章を書くのは職業柄早いし、それに対して「話す」のは不慣れなこともあって、収録時間が早いほうを検証した結果、「書いたものを読む」を選択していたのです。

当時の放送を聴き返すと、起承転結がきちんとしていて、しゃべりも滑らか。でも、どことなくよそゆき感が漂い、隙のない印象にも受け取れます。

それも致命的な欠点というほどではなく、リスナー数も順調に増えていきました。けれど、自分より長く放送を続けていて、人気も高いパーソナリティーさんの放送を聴いたり、Ｖｏｉｃｙの社長やスタッフの方からアドバイスをいただいたりするうちに、正しい話より、人間らしさが出ている話のほうが支持されることに気づき、台本を用意することはやめました。慣れるまで収録に時間はかかりましたが、ティーチングと同じで、数をこなしていくしかないと腹をくくったところ、だんだん慣れて、自己採点の低い放送でも公開してしまう度胸がついてきました。今では、メモもほとんど用意せず、頭に浮かんだことをそのまま声に乗せてしゃべっています。

どちらがいい悪いではなく、アンケートでは「初期のころの理論的な話し方のほうが好きだった」という意見の人も2、3人はいたので、同じように感じている人はもっといるのかもしれません。でも、よそゆきモードの収録方法では、わたしの内面的な個性は伝わりにくく、「不完全な部分も含めて奈緒さんの放送が好き」というファンは増やせなかったのではないかと思います。また、わたし自身も、発信を身構えすぎて、長く続けられなかったかもしれません。

あえて開き直ってしまうと、書かれた原稿を読むなら、誰でもできるのです。でも、ヨガも音声配信も、伝える内容の先に求められている価値は、「何」より「誰」のほう。誰に教わるからヨガが楽しい、誰がしゃべるから毎日でも聴きたい。それが受け取る側の心理のはずです。

波長が合う人に早く見つけてもらうためにも、ありのままの自分を怖がらずに出していく。言い間違えささえも笑って喜んでくれる人は、思っている以上にたくさんいるのです。

自分にとって気持ちのいいスピード感を把握する

生活も仕事も、自分が「気持ちいい」と感じるスピード感で物事が進むと、余計なストレスやエネルギーの負荷がかかりません。

なんでも早ければいいという話ではなく、「自分に合った速度」であることが大切で、わたしの場合、ここに関しては早く、ここはゆっくり、と、領域ごとにフィットするスピード感が違います。

たとえば仕事においては「なるべく早く」派。メールの返信は要件だけでもサクッと送り、原稿も必ず期限前に提出。この姿勢は、自分自身が「待つのが苦手」な性格であることに起因しています。

せっかちで、待たされるのが何より苦痛なのに、ネットが普及する前は「待つのが仕事」などといわれていた編集者なんて職に就いたものだから、とくに会社員時代は、いつ来るかわからない原稿や連絡を編集部でじっと待つしかない、というのが最大のストレスでした。

周囲を見回しても、自分ほど「待つこと」を苦痛に感じている人はいないと気づいたのが、フリーランスになる決心を後押ししたともいえます。そんな性格なので、自分が誰かを待たせる側になったときも、待ってくれている相手の心情を勝手に想像して、一刻も早く「待つ苦しみ」から解放してあげたくなる。実際は、人それぞれ「待つこと」への耐性は違うので、わたしが想像するほどヤキモキしていないケースのほうが多そうですが、いずれにせよ早いぶんには、迷惑をかけることは少ないと思っています。

「待つ」「待たせる」は相互のコミュニケーションなので、ここの時間感覚が合っているほど、気持ちよくやりとりできる相手となります。だから初めて組む仕事相手と、なんとなく時間感覚が合わないな、と感じたら、早い段階で「自分はこういうペースで進めたい」ということをフラットに伝えるようにしています。

伝えるタイミングが遅くなると、不満が溜まった末のクレームっぽくなってしまうので、早めに言うほうが軽やかです。

雑誌編集者時代、超多忙な日々を送っているはずの著名な方々に取材のオファーをすると、忙しく活躍されている人ほど返事が早いケースがめずらしくありませんでした。

むしろ忙しいからこそ、決断も行動もスピーディーでないと日々が回っていかない、という面もあるでしょうし、もらった依頼を受けようと断ろうと、早く結論が出れば、依頼する側は助かります。受けてくれるなら具体的な日程の相談に進めるし、断られても、すぐ別の方に当たることができるからです。つまり「忙しい人ほど返事が早い」のは、仕事相手に「気持ちのいい人」と思われる、その好印象や人望によって、長く第一線で活躍を続けられる部分も大きいのかもしれない……20代、30代で得たこの実感が、現在のわたしの「なるべく早く」の信条につながっています。

もちろん、「何事もじっくり自分のペースで進めたい」という人にとっては、わたしのようなタイプが相手だと、常に答えを急かされているようで落ち着かないでしょうし、こちらも待たされてジリジリします。だから、時間感覚の違う同士が長期にわたる大きなプロジェクトでタッグを組むのは、なかなかむずかしい。これは、さまざまな経験からたどり着いた個人的な見解ですが、もちろん正解はありません。一人一人が「自分にとって気持ちのいいスピード感」を保ちながら、よいパフォーマンスが発揮できれば、それでいいのです。

一方、プライベートな人間関係においては「急がない」派。自分のキャパシティを守ることを優先して、焦って関係を進展させようとか、人脈を広げようとはしません。

大勢の人が集まるパーティーやイベントに出かけても、波長が合う人が一人でも見つかったら大収穫。独身時代は日付を越えてお酒を飲むこともしょっちゅうでしたが、今は翌日の体調やスケジュールに響く手前の、適当なタイミングで切り上げると決めています。

非日常の機会だからと自分に無理を強いるような振る舞いはせずに、でも基本的にはオープンな姿勢でその場を楽しめば、急いで仲良くなろうとしなくても、その後つながるべき人とはちゃんとつながるものです。とにかく「無駄に疲れないこと」が大切。できるだけ普段通りのナチュラルな状態でいることで、本質的に気が合う人だけを引き寄せられるし、もし出会えなくても、「あぁ楽しかった」という気持ちで場を去ることができます。

自分らしいスピードやペースを把握するには、これまでの人生で築いてきた人間関係を振り返ってみることも手がかりとなります。

わたしの場合、入学式やクラス替え初日から教室の人気者になるタイプではなく、かといっておとなしくて目立たないタイプというわけでもない。一見どっしりと落ち着いて見えるけれど、隣の席になって話してみると、意外と気さくで、ひそかに先生のモノマネをして周囲の数人だけは大笑いさせたり、マイナーな雑誌や音楽などのカルチャーに詳しかったりと、時間をかけてじわじわと「面白い人」と認定してもらえるタイプだった……という自己分析は、そう外れてはいないはず。こんなふうに、自分のキャラクターを客観的に検証してみると、自分にも他人にも自然な振る舞いができるようになります。

せっかく何十年も生きてきたのだから、仕事でも人間関係でも、これまでの自分をまるごと受け入れて、なるべく無理せず楽しく生きていきたい。そのためには、自分にとって快適なスピードを守ること。その速度の中で、波長が合う人も見つかると思っています。

夢や目標は早めに公表して、いつの間にか叶える

「夢は、人に話したり紙に書いたりすると、叶うんだよ」。

いきなりそんなことを言われても、なんだか子どもだましのようで、聞き流したくなるかもしれません。けれど実際、ここ数年わたしの身にたびたび起こっていることです。

子どものころはよく聞かれた「将来の夢は?」「今後の目標は?」という問いを、キャリアについてのインタビュー取材や、Ｖｏｉｃｙのトークテーマ、またはパワーウィッシュ（月星座占星術家のＫｅｉｋｏさんのアドバイスに沿って新月と満月の日に願望をノートに書く習慣）などを通して、投げかけられる機会が

増えました。

そのたびに、自分の夢や目標の最新版を、人に語ったり、ノートに書いたり、スマホのメモに記録しておいたりするのですが、しばらく経つと、ほとんど叶っていてびっくり、なんてことがよくあります。

一つ例を挙げると、現在のわたしの肩書である「エッセイスト」も、いつか語った夢を、いつの間にか叶えたもの。

29歳でフリーランスになった日から、約10年おきに肩書を変えてきました。

最初は、ファッション誌の編集業が活動のメインだったので、「フリーエディター&ライター」。その後、郊外で子育てをしながらマイペースに著作を出していこうと決めた40歳ごろ、「編集者・文筆家」に変えました。エディターとライターを和訳しただけなので、表す職種は変わっていませんが、カタカナの肩書は雑誌のクレジット用という印象が強く、あえて堅いイメージの漢字の肩書にして、書籍の著作をがんばっていきます、という決意を込めたのでした。

「文筆家」と名乗るようになってから、雑誌の仕事のオファーは減り、書籍は、細々とでも毎年1冊は出せたので、肩書の効果はそれなりにあったと思っています。

そして50歳を機に、「エッセイスト」と名乗ることにしました。

これには伏線があって、実は、「40代のうちに『エッセイスト』と呼ばれる人になりたい」と、30代の終わりごろ、友人に夢を語ったことがあります。その願いは、49歳で出版したエッセイのプロフィールに、編集担当の方が「エッセイスト」と書いてくださったことで、叶えられました。

その後しばらくは自ら名乗る勇気がなく、「文筆家」のままでしたが、生き方も働き方もより軽やかにしたいという気持ちで変えてみたら、拍子抜けするほどすぐなじみました。すでに10冊以上の著作を出し、大半がエッセイなのですから、何を躊躇していたのかと今になってみれば不思議ですが、でも自意識って、そういうものだとも思うのです。人から見たらなんとも思わないことが、恥ずかしかったり、怖かったり。

きっかけとなった著作のプロフィールの「エッセイスト」にしても、不意のプレゼントみたいなかたちで叶えられたことが興味深く、夢や目標って、案外こんなふうに、気づいたら達成しているものなのかもしれません。

とはいえ、頭の中でぼんやり思い描いていることを現実にするには、具体的な行動を起こす必要があります。現状の生活で叶っていないのだから、何かを変えないと、この先も実現しない。だったら何をどう変えるか、まずそこからです。

たとえば「今よりやせてきれいになりたい」と願うなら、そのための行動や生活の仕組みが必要です。目標を紙に書き、日に何度も目にする場所に貼り、運動のモチベーションアップや間食の抑止力にする。目標の書き方も、「やせてきれいになる」よりは「何月何日のパーティーまでに何キロ落とす」と、数字を使って具体的にする。さらに、自分との約束にとどまらず、他人とも共有する。こんな目標を立てた、と周囲に公表すると、応援してもらえてやる気も出るし、簡単には後に引けなくなります。

「自分はこうなりたい」という願望を、自分の中に秘めておかないで、外に出す。「いい大人が夢を語るなんて恥ずかしい」と思うかもしれません。でも、他人に置き換えてみたら、どうでしょうか。「将来こんなことがしたいんだ」「そのためには今こういうことをしないと」と語る誰かに対して、恥ずかしい人だな、なんて思わないでしょう。むしろ、目標に向かってがんばる姿が放つ、キラキラしたオーラに刺激を受けるはずです。

夢や目標を公表することは、そのまま自分のやる気スイッチを押す行為です。だから、実現可能かどうかを考える前に、先に看板を出してしまうのも一つの手。思いきって、まず言葉にして周囲に伝えてしまうのです。

その後はひたすら目標に向かって……ではなく、ただその時々で今やるべきだと思えることを一生懸命やればいい。そんな日々を積み重ねていると、夢や目標の存在も、それを公表した事実もときには忘れていたり。でも、きっとそれくらいでいいのです。大まかな方向として道は合っていて、途中で右に進んでも、左に進んでも、やがてまた道が合流し、いつか掲げた目標地点にたどり着いている。

それでも最初のうちに夢を語ったか、そうでないかで、実現の可能性やスピードは変わってくるように思います。自分のやる気も、周囲の応援も、夢がわかりやすいかたちで掲げられてこそ、ついてくるのですから。

最初にちょっと勇気を出したら、あとはとらわれすぎずに、目の前の課題を淡々とこなしていくだけ。するといつの間にか、かつて語ったり書いたりしたことが現実になっている。

こんなふうに、わたしは現在も進行形で、夢や目標を叶えています。

感覚を言語化できると人生に迷わなくなる

感覚か理論か、というテーマは、両者が対極にあるものとして二項対立で語られることが多いけれど、わたしの中では違います。

まず感覚があって、それを言語化する過程を経て、理論になる。

その流れは、肉と野菜みたいに別々の食材を調理するのではなく、卵をオムレツにするようなもの。

最初に感覚という卵があり、割って、かき混ぜ、下味をつけて焼いて……そのプロセスにさまざまな言葉を投入して、最後はオムレツのようにしっかりとかたちを持った理論が出来上がる、そんなイメージ。

どんな違和感も決断も、感覚をもっとも頼りにしているのはたしかで、毎朝のヨガやあらゆるルーティンは、何より大切な感覚（そこには五感も含まれます）を鈍らせないように、という意識に支えられています。

そうして研ぎ澄ませている感覚が敏感にキャッチしたものを、ふわふわと実態のないものとして捉えて、「ただなんとなく」「直感的に」などのあいまいな一言でまとめてしまうのは、なんてもったいない、そして危うい、と思うのです。それはまるで、お弁当箱に卵をそのまま入れて持ち歩くようなもの。少しの衝撃で割れてしまい、殻も白身も黄身もぐちゃぐちゃ、食べることもできずに流すしかない。でもオムレツにすれば、最後までおいしく食べられます。

人生の節目節目で、AとBの道をどちらに進むか、と岐路に立たされるような場面でも、実は感覚と理論と言葉、すべてを使って決断を下していると思うのです。

わたしの場合、会社を辞めてフリーになるとき、結婚するとき、東京を離れて地元に帰ろうと思い立ったとき、雑誌のエディターから書籍の著者になると決めたとき……これまで何度かのターニングポイントがありましたが、その都度、決断の後押しとなったのは、感覚と理論、そして自分を納得させる言葉でした。

感覚に素直に従った決断なら後悔はしない、という前提に立ったうえで、その感覚をきちんと言語化して、理論的に書くなり語るなりしておくと、たとえ他人から反対されたり、それによって迷いが生じたりしても、一度しっかり組み立てた理論が、心強いお守りとなってくれます。

一瞬、心がグラッと揺れたところで、そのたびに他人や自分に言葉で説明するのを繰り返すうちに、ドシッと肝がすわり、決断の軸が太くなってくる。それが説得力となるのです。

逆に、自分の感覚を言語化できないような決断は、理論として弱く、思ったように事が運ばないときに「あのときの決断が間違っていたんじゃないか」といった思考になりがち。そうならないためにも「感覚↓言語化↓理論」の土台固めが必要なのです。

感覚の言語化がお守りになる例として、「自分にとっての豊かさを言語化すること」についても書いておこうと思います。

数年前から、占星術家のＫｅｉｋｏさんが提唱する願望達成法「パワーウィッシュ」を実践していて、新月と満月の日に配信される解説動画を見ながら、その時々の目標や願いをノートに書くのを習慣にしています。

ある日の新月で、「自分にとっての豊かさを具体的にイメージして、それがもっとも豊かな状態で叶うことを願いましょう」とのアドバイスがあり、「わたしにとっての豊かさって？」と初めて真面目に考えました。

少子高齢化で日本はどうなるのか、老後いくら必要なのか、ＡＩの進化でどの仕事がなくなるのか……先の不安を煽るようなニュースがイヤでも耳に入ってきますが、わたしたちが豊かさを感じながら生きていくのに必要なお金の額は、実は一人一人違います。

年に数回は旅行をして、高級レストランでコース料理を食べないと心が満たされない人と、家や地域を愛し、自分で育てた野菜をシンプルに料理して食べるのが一番おいしい、と感じる人とでは、しあわせに生きるための予算額に倍以上の差があるでしょう。

暗いニュースに不安をかき立てられて、とにかく老後のために節約しなきゃ、と焦る前に、一度、自分はどういう生活を送れたら豊かに暮らせている実感を持てるのかをフラットに考え、きちんと言語化してみるのです。

わたしの場合、「自分の家が好き」と思いながら日々暮らせることが、豊かさの実感に直結しているので、家の修理やメンテナンスの費用を必要なときに用意できる経済状態でいることは大切です。

また、ここへ行きたい、この人に会いたい、これをやってみたい、と心が動いたとき、すぐ行動できること。いずれも心身がすこやかでいられてこそ、なので健康のためにはちゃんとお金を使おうと思うし、逆のベクトルの出費は削る。その点、お酒はやめてよかったと思っています。

また、友人や大切な人に、お祝いやお礼や応援をしたいとき、ケチらないでいられること。

本を味わいながら読む、部屋に好きな花を飾るなど、自分に栄養を与える行為も、豊かな人生を送るために欠かせないけれど、必ずしも商品を買わなくても、本は図書館で借り、花は育てることもできます。

どんなふうに暮らせれば、豊かだと感じられるのか。反対に、お金を理由に我慢することで、QOLが下がっていると痛感するのはどんな局面か。言語化してみると、この先の暮らし方や生き方の方向性が定まって、今やるべきこともくっきりしてきます。

言語化は才能なんかじゃなく、単に訓練なので、自分の頭の中を人に話したり、紙に書き出したりするうちに、どんどん上手になってきます。だから怖がらず、感覚を言葉にしてみましょう。他人も自分も納得させる理論は、迷いをはねのけ、シンプルで豊かに生きる道を拓いてくれます。

タクシーでのおしゃべりの記憶

郊外に暮らすようになって、めっきり機会が減りましたが、以前はよくタクシーに乗っていました。

都心で忙しく働いていた時期は毎日のように乗っていて、また、夫の両親が健在だったころは、名古屋の実家に帰省中の移動は、もっぱらタクシーでした。

愛知県民にはめずらしく、夫の実家には自家用車がありませんでした。理由は、ビール好きだった義父が、自分は運転をしたくない、かといって義母の性格も運転に向かないと、免許を取るのを許可しなかったという話で、周囲から変わり者扱いされながらも、義父母は生涯で一度も車を所有しなかったそうです。

ところが、義父は60代で脚を悪くし、それ以来、杖をつく生活だったので、わたしたち夫婦が結婚して新幹線で帰省すると、外食する店や親戚の家へ行くには、タクシーが必要でした。

義父の思い出はいっぱいあるけれど、中でも印象深いのが、タクシーでは必ず助手席に乗り込み、どんな運転手さんとも親しげに会話していたことです。

球場に足繁く通うほどの中日ドラゴンズファンだったので、前日の試合結果から、工事中の道路、新しくできる店や施設の話まで、「お義父さん、その運転手さんと知り合い？」と思うほど自然に、とめどなく話していました（実際は誰とも知り合いではありませんでした）。

わたしはそれまでほとんどなじみのなかった名古屋弁のリアルな響きに、義父とタクシーの運転手さんの会話を通して初めて触れたといえるかもしれません。

名古屋弁って、なぜかおちょくられたりもしがちな方言だけれど、少なくともわたしは、名古屋弁特有のゆるやかに音と音がつながっていくあのトーンに、義父のなつかしい声を重ねながら、心地よい愛着を感じています。

義父が亡くなった後も、愛知では何度もタクシーに乗ったけれど、運転手さんはやわらかい話し方をする感じのいい人が多いなという印象でした。というか、ぶっきらぼうな人に会った記憶がありません。県民性でしょうか？

タクシーのエピソードで、もう一つ。

都内で友人と晩ごはんを食べたらすっかり遅くなり、最寄駅からの最終バスも行ってしまって、仕方なくタクシーの列に並ぶ、なんて日が、年に1回くらいはあります。

ある深夜、行列に15分並んでやっと乗り込んだタクシーは、車内は清潔、イヤな臭いもせず、運転手さんは「当たり」でした。

忘年会シーズンで、わたしもそういう場に出かけた帰りでした。当然タクシーは書き入れどきで、真夜中だというのに、駅前の通りは渋滞。

ところが、その運転手さんは「おぉ、わかってるね」というツウな裏道を使いこなし、ぐいぐいと進んで行ってくれます。そんなわたしの満足感が「いいですねぇ」なんて実感のこもった言葉となって、思わず口をついて出たせいか、運転手さんが得意気な様子で語り始めました。

「この商売、30年以上やってますからね。こんな日はいかに効率よく稼ぐか、勘がはたらくんですよ。たとえば今、あれだけ長い行列だったでしょ。それを見て、行列に並ばず歩き出した人も、いますよね。その人たちが駅に戻ってくるタクシーをつかまえようとするんだけど、絶対に止まっちゃだめ。だから、お客さん（わたし）を送ってまた駅まで帰るときは必ず『回送』にしますよ。うっかり『空車』を出したまま走っていて、止まらないと、乗車拒否になっちゃうからね」

話を聞きながら、そういえば同じような状況でタクシーが止まってくれなかったこと、あったなぁ、と思いながら、なぜ止まらないのか、理由を聞いてみました。

「行列に並ばないで歩き始める人は、つまり、歩こうと思えば歩いて帰れる距離ってこと。こっちは長距離のお客さんを何人乗せられるかで一晩の稼ぎが変わってくるわけだから、近距離の人をちょこまか乗せて、時間が食われたらもったいないでしょ」

なるほど、そういうことだったのか。タクシーにまつわる小さな疑問が一つ晴れた気分でした。

「今、夜中の1時でしょ。駅の長蛇の行列、このあと4時、5時までは続くよ。なぜかって、タクシーの行列がすごいから、近くでもう一軒入って時間潰そうか、っていう人もいるわけ。それで1杯で店から出てくる人、2杯、3杯飲んで出てくる人が常に列をなして、4時、5時まではあんな調子だね。それで最後、明け方に遠くのお客さんが乗ってくれたら、今日は最高」

……さすが、考察が深い。それをそのまま言葉にして伝えました。

「もっと言うとさ、行列に並んでいる人が100人いたら、その中で5000円以上の長距離で乗る人も、バッチリ当てられるよ」

えぇ！すごいんですけど……と、これもそのまま声に出しました。

「運転席からでも、見えるんだよね。そういう、サインみたいなの。長くやってると、勘が身につくみたいでさ」

なんて話していたら、家の前に着きました。駅から自宅までは、深夜料金だと1500円を超えてもいい距離なのに、メーターは1370円。この人プロだわ、と感心しながら（同時に、彼の言う「ちょこまか距離」で申し訳ないなと思いながら）、支払いを済ませて車を降りると、「今日は稼ぐぜ」とやる気に満ちたアクセル音とともに、車はあっという間に去っていきました。

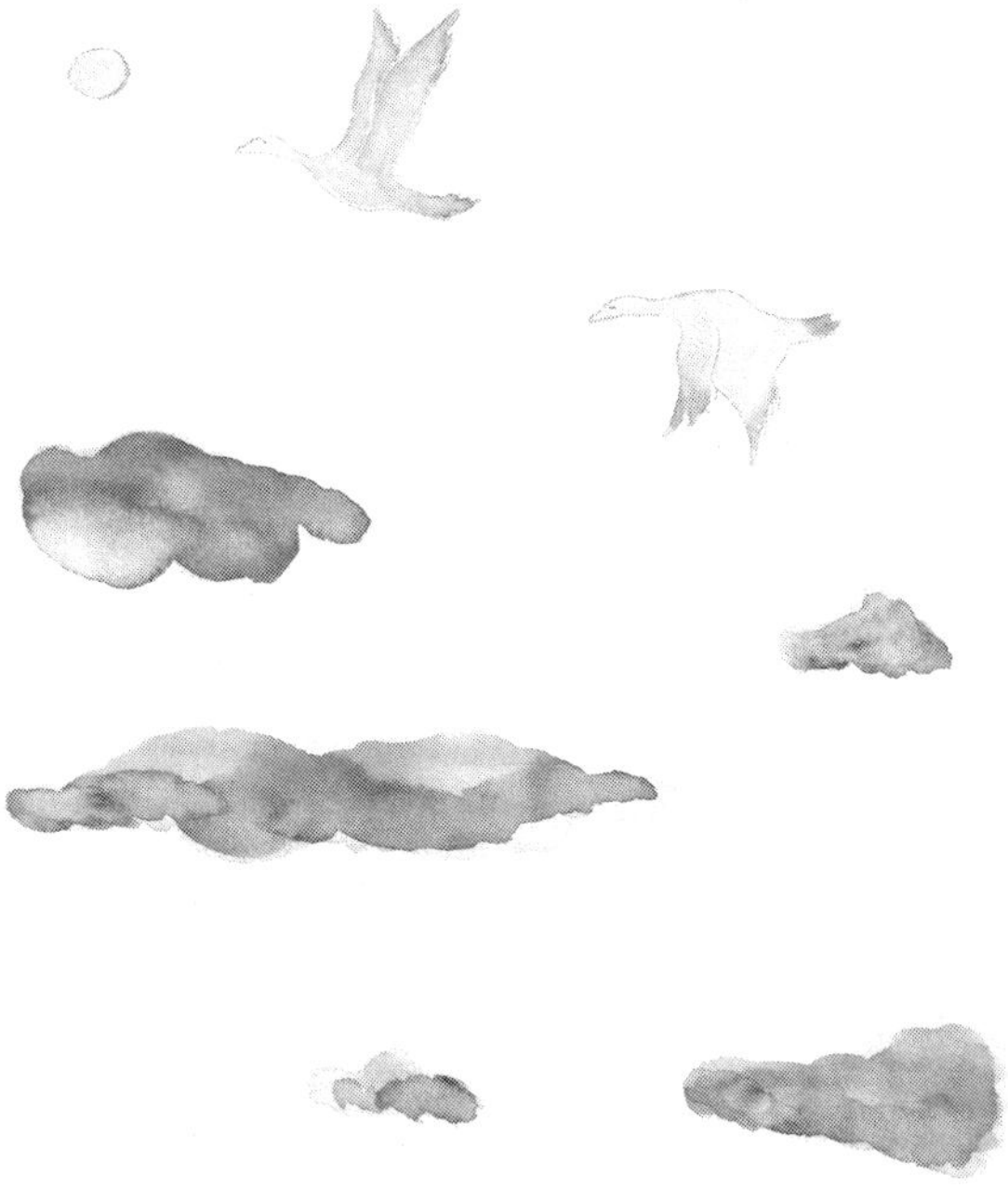

2章

家族への思いを上手に伝えたい

家族への伝え方は「今」と「直接」にこだわらない

コミュニケーションは、その場、その瞬間の即時的なものに限りません。

とくに家族は、意見が対立してわかり合えないと思ったとしても、簡単には縁が切れない。それゆえの甘えと遠慮のなさ、照れなどもあって、「ありがとう」「ごめんね」といった基本的な言葉かけさえ、怠りがちです。

だからこそ、ときにはLINEというツールを使うことも、悪くないと思うのです。もちろん相手の目を見て言葉で伝えるのがベストでしょう。でも、気持ちや時間にゆとりがなくてなかなかできない、それで先延ばしにするくらいなら、より気軽に伝えやすい手段を使えばいいし、伝えられるほうも、かえって照れずに思いを受け取りやすいこともあります。

これにには身近な例があって、数年前、ｎｏｔｅで「やってきたことがまとまりだす年齢」と題した、兄と両親の関係について書いたエッセイを公開しました（改稿して『すこやかなほうへ 今とこれからの暮らし方』（集英社）に収録）。

ｎｏｔｅのおすすめ記事としてピックアップされたため、いつもより閲覧数が多く、スキが６００以上というスマッシュヒット。うれしくて、さっそく家族のグループＬＩＮＥに記事のリンクを貼って報告しました。

わたしの家族はそれぞれの仕事や趣味に忙しく、末っ子のわたしの活動をＳＮＳで熱心にチェックしている人は、親も含めて誰もいません。だから、知らせたいことや読んでほしい記事があれば、ＬＩＮＥで伝えないと誰も気づかないのです。

でも実家とは日常的に行き来していて、ＬＩＮＥも頻繁にやりとりしています。そんなふうに身近だからこそ、かしこまって思いを伝える機会が実はなく、伝えたいことはエッセイに書いて、その文章を読んでもらうのが、わたしにとっては身構えずに伝えられる方法だったりします。

一方、兄は、わたしの記事の感想をグループＬＩＮＥに入れる流れで、さらりと母に「ありがとう」を伝えていました。

そのｎｏｔｅの記事は、兄が人生に迷ったとき、両親が息子を信頼して何も言わずに応援してきたことを書いた内容だったからです。すると母が「生きているうちに子どもから感謝を伝えてもらえるなんてめずらしいわ。お葬式でってことも多いのにね」と、思いがけずうれしい言葉を受け取って喜んでいる様子が、文面から伝わってきました。

母と息子のほほえましいメッセージのやりとりを見ながら、家族のコミュニケーションはこれでも十分じゃないかな、と思いました。

大事なことをＬＩＮＥで送るなんて、と昔の価値観で決めつけないで、今すぐ届けたい思いを軽やかに伝えるために、便利なツールを味方にすればいい。大事なのは、まさに母の言うように「生きているうちに」伝えることではないでしょうか。

一方で、親が亡くなってから思いが伝わってきた、こんな経験もあります。

わたしが初めてブログを書き始めたのは、キッズファッション誌のブロガーに誘われたのがきっかけでしたが、コンセプトを決めたほうが書きやすいし続けやすいので、名古屋に暮らす義両親に、孫の成長記録を届ける気持ちで毎日更新することにしました。

勤め先を早期退職して、趣味だった窯元巡りや中日ドラゴンズの試合観戦などで悠々自適の生活を満喫していた義父。駅前のパソコン教室にも通い、毎日わたしのブログ記事をプリントアウトしては、義母や同居する祖母にも回覧することを日課にしていました。

わたしと夫が結婚して7年後、娘が6歳のとき、義父は癌で亡くなりました。まだ70代でしたが、年に数回は名古屋に帰省し、わたしたちの東京や千葉の家にも遊びにきてもらったので、思い出はたくさんあります。夫との親子関係もよかったため、コミュニケーションが足りなかったという悔いはありません。

それでも、義父が亡くなって1年以上が経ち、義母がマンションに引っ越すことが決まって実家の片づけをしていると、ブログ記事の束がどっさり出てきて、胸がいっぱいになりました。

ブログはきちんと日付順に重ねられ、幼い孫の写真に頬をゆるませながら毎日ファイリングをしていた義父の姿が浮かんでくるようでした。顔を見て話していただけでは伝わりきらなかった思いを、そのファイルの束と一緒に受け取ったような気持ちでした。

家族間の思いのやりとりは、言葉を尽くせば、その瞬間すべてを伝えきれるものでもないのかもしれません。年月が経ち、ときには亡くなった後で、「もしかしたらこういう気持ちだったのかな」とわかることもある。それは必ずしも悲しいことばかりでもないような気がします。

今この瞬間、ニコニコと話せる関係ではなくても、相手を思う気持ちがあれば、いつか何かのかたちできっと伝わる。もちろん、今伝わればそれに越したことはないし、伝える意識は大切だけれど、「今伝わらないこと」に深刻になりすぎなくてもいいのが、家族、とくに親子のコミュニケーションなのかなと思います。

娘が、わたしのつくるごはんやお菓子より、コンビニやファストフードの味をおいしそうに食べることも、親しか指摘しないであろう小言を右から左へ聞き流すことも、今の状況だけ切り取ったら落ち込みます。でも、いつかは思いが伝わる日もくるだろうと、大して喜ばれもしない料理を、せっせとつくっています。

子どものころほめられてうれしかった経験が育む力

2008年に出産した娘は、早いもので高校生。このままだと、もう大学生、とうとう社会人になりました、なんて書く日も、すぐやってきそうです。

いずれにせよ、かれこれ20年近く、親の役割を担ってきたわけですが、誤解を恐れずにいうと、わたしには娘を「育てている」という感覚が希薄です。

東京から千葉の地元に戻ると決めたときも、多忙な雑誌編集者から書籍の著者を目指すと決めたときも、決断の背景には「一度しか経験できない子育てをなるべく後悔しないように味わい尽くしたい」という思いがありました。

けれど、それは「娘のため」ではなく「自分の人生のため」の選択。親としてこんなことを教えたい、伝えたい、といった信念はなく、その証拠に（というのもヘンですが）、育児や教育に関する本を買ったり読んだりした記憶が、中学受験期以外はほとんどありません。保育園、小学校、中学受験、そして中学生から高校生になった今でも、保護者会は基本的に出席しているし、ＰＴＡや読み聞かせボランティアにも参加しましたが、自分はけっして教育熱心なほうではないという自負があります。

それは、たとえ自分の子であっても、「人は人」と思っているからです。

娘の性格が、いろんな面でわたしと対照的であることも一因かもしれません。こちらは大家族の末っ子、娘は一人っ子。よくも悪くもほったらかされて育ったわたしは、早く家を出て一人暮らしを満喫したいと、本や雑誌を読みながらずっと妄想しているような子どもでした。

一方、娘は人とコミュニケーションを取るのが好きで、入学やクラス替えでもすぐに気の合う友だちを見つけられる人。かといってリーダーや周辺グループに属するでもなく、誰とでも話題を合わせておしゃべりを楽しめる性格です。

体育祭や合唱コンクールなど、みんなで団結してがんばる状況に不思議なほど情熱を燃やし、今は運動部のマネージャーとして選手をサポートすることに心からやりがいを感じている様子……と、こうした一つ一つの資質が、わたしに足りないどころか欠落しているといっていいものばかりで、まさか自分の育て方によってこうなったなんて、とても思えない。

それでも、ひょっとしてあんなことやこんなことが、娘ののびのびとした性格に影響をもたらしたのかもしれないな、と思い当たることが、いくつかあります。

一つは、親以外の立場の大人が、いろんな角度から、娘のいいところを見つけてほめてくれたことです。

保育園では「給食を残さず食べるところ」、小学校では「いつも笑顔でみんなと接するところ」、「クラス内でもめ事があっても、中立でいられるところ」、他にも些細なことをたくさんほめてもらってきました。本人だけでなく親にも面談などで伝えてくれた先生たちには今も感謝しています。

わたしが面談から帰ってきて、先生がこんなふうにほめていたよ、と伝えると、頬を紅潮させながら跳びはねて喜び、自分が直接先生から言っていただいたことは、小学1、2年生のころの話でも、いまだに自慢しています。

また、娘をよく預かってもらった実家や姉の家でも、親は近すぎて見えない部分をほめられ、気になる点は注意されて、常に親以外の大人たちから、さまざまな言葉をかけてもらって育ってきたと思います。

娘の現時点の将来の夢は小学校の先生だそうで、それも、自分が小学校時代に大好きだった担任の先生から「学校の先生は楽しいよ、あなたもきっと向いているよ」と言われたことが、少なからず影響しているようです。

似たような話で、以前テレビの対談番組で、人気のフリーアナウンサーの方が「この仕事を目指したきっかけは、小学校の国語の授業で先生に音読をほめられてうれしかったこと」と話していて、子ども時代にほめられてうれしかった経験が、ときには人生の方向性を決めるほど大きな力を持つことに感動しました。

そういえば、わたしの子ども時代にも、こんなエピソードがありました。

末っ子のわたしが幼稚園、姉と兄が小学生のころ、母が1冊ずつ日記帳を買ってくれました。姉も兄も運動が得意で、家より外で遊びたいタイプ。日記が続いたのはわたしだけで、最初の1冊が終わると、父や祖父から使わない手帳をもらって、誰に言われたわけでもないのに、日々の出来事を綴っていました。

あれは小学4年生くらいでしょうか。学校から帰って、いつも通り部屋で日記帳を開くと、昨日書いたページの空欄に、母の字で「奈緒ちゃんがこんなに文才があるなんて知りませんでした。すごいね！」と書き込んであって、仰天。

日記を読まれた恥ずかしさ、勝手に読んだ母への怒りと同時に、まだ自分のボキャブラリーにはない「文才」という言葉が大きなインパクトを持って、どうやら文章がほめられたらしい、といううれしさや誇らしさとなり、全身が湧き立った感覚を、40年以上経った今でも、昔の実家の子ども部屋の風景とともにありありと思い出せます。

考えてみれば、作文コンクールで入賞したことも、壇上で生徒を代表してスピーチをしたこともないわたしが、中学や高校に上がるころには「国語は自分の武器」と謎の自信を持つに至った源流には、あの日記帳の余白に母が書き込んでくれたメモがあったのかもしれない……なんてこじつけは、いささか思い出を美化しすぎでしょうか。

カジュアルなほめ言葉が人の潜在能力を引き出す

子どものころにほめられた経験の影響力について、もう少し続きを書いてみたいと思います。

今は子育ても教育も、「ほめて伸ばす」が良しとされていますが、自分自身の実感と、わが子の観察から、とにかくなんでもほめればいいわけではなく、「ほめられてうれしいところにその人の伸びしろがある」ような気がしています。

たとえば、なんとか子どもの成績を上げたいという思いから、本人が苦手意識を持っている科目のテストが前回から何点上がったね、と言葉をかけながらほめたとして、それだけで苦手が得意に変わるほど、単純な話ではないように思うのです。

もちろん、点数が上がったことも、がんばりを認めてもらえたこともうれしいけれど、嫌いが好きにひっくり返るほどの効果はない気がする。いくらほめられても、苦手なものは苦手のままでしょう。

それより、ほめる側が心から感心して、下心なしに、思わず口に出してしまったような実感のこもった言葉ほど、かけられた側には大きな自信を与える気がします。

それも、なんとなく自分でもそう思っていたけれど、堂々と胸を張れるほどではなかった部分に、他人が着目して、価値を認めてくれたとき、その喜びは運命的なきっかけとなり得るのではないでしょうか。

たとえば、現在は運動部のマネージャーとして青春を謳歌している娘ですが、自分から入部を希望したのではなく、きっかけは、顧問の先生からスカウトされたことでした。

そのとき「きみには人を観察する力があるから」と言っていただいたそうで、その言葉が娘の心を動かしたのではないかと推察しています。

その話を娘から聞いたとき、「よくぞ、わが子のそこを見抜いてくださいました、先生！」と、わたしまでうれしくなりました。

きょうだいがいないため、大人に混じって過ごす時間が長かった娘には、場の空気を読む力があると、わたしも夫も日ごろから感じていて、本人がいないところでは、よくそんな話をしていたのです。けれど、その部分をわざわざ本人に向かってほめるような機会はありませんでした。

そこへ中学校の先生が、「観察力がある」というわかりやすい言葉で直接評価を伝えてくれたと聞いて、なるほど、そういうほめ方があったかと、ひざを打つ思いでした。

誰かの会話を聞きながら、そこに漂う空気を敏感に察知する（してしまう）性質を、きっと娘も自覚していて、しかしそれは学校のテストの点数として表れる能力でもなく、同じ年齢の友だちが気づいてくれるほどわかりやすい長所でもない。そういう部分を、学校の先生が「マネージャーに向く適性」として見抜いてくれたことは、おそらく本人としては相当うれしかったことでしょう。他者から認められたという自信が、置かれている立場で存分に力を発揮できることにもつながる気がします。こうして書いていると、これは子どもや学校に限らず、大人の職場にもそのまま適用できそうな話です。

つまり、ほめ言葉の威力は、本人が認められてうれしい部分にかけてもらったときに最大効果を発揮する、ということ。家族をほめるにしても、日ごろから相手をよく観察して、本人が潜在的に好きそうなこと、得意そうなことを見極め、そこをカジュアルにほめるのがいいようです。

そういえば、いつからかわが家では、みそ汁づくりが主に夫の担当となったのも、わたしでは思いつかない具材の組み合わせや、前もって油揚げやネギを炒めるといったこだわりを素直にほめたことで、夫が気分をよくして自信を持ったからといえます。

わたしとしては、本当においしいからほめたのであって、そこに「もっと夫に料理をしてもらおう」という下心があったわけではありません。だからこそ、もともと料理もみそ汁も好きだった夫の伸びしろに、家族のほめ言葉がストレートに響いたのではないかと思います。

また、娘には日常的に「かわいい」という言葉を浴びせるように伝えています。

わたし自身は親からそう言ってもらいながら育ったわけではありませんでしたが、誰か一人でも、自分のことを「かわいい」「カッコいい」と毎日のように言葉にして伝えてきてくれたなら、その自信によって人は堂々としていられると思うのです。そして、毎日のように「かわいい」と言葉をかけられるのは、他でもない親ではないか、とも。

実践している立場から言えるのは、「あなたのことが誰よりも大切」「愛している」などと伝えるより、もっとずっと気軽で簡単だということ。これは、わたしが長くファッション誌の仕事をしていて、モデルさんや写真を見ながら「かわいい」「カッコいい」と毎日連発していたことで身についた習性かもしれませんが、言う側はまったく気負いがないのに、言われた側はとびきりうれしいのが、この「かわいい」「カッコいい」だと思うのです。

いずれにしても、ほめ言葉はカジュアルなほど効果的、というのがわたしの持論。お互い空気のような存在だとしても、呼吸するように「かわいい」と言い合える関係性なら、その家族はきっと安泰。家の中にはご機嫌なムードが漂っていることでしょう。

家の片づけで家族との衝突を避けるには

「家の片づけをすると家族とケンカになってしまう」というお悩みがよく聞こえてきますが、何を隠そう、わが家も例外ではありません。

もっと家を居心地よくするために片づけたいわたしと、モノを大事にすることはモノを捨てないことだと信じる夫と娘。

わたしにとってモノを大事にすることは、それを日常的に使っている状態を指すので、数が増えるほど一つ一つを大事にできなくなると考えています。一つ屋根の下に暮らす家族でも、その価値観はまったく違い、どちらが正しいと決められるものではありません。

引っ越しやリノベーションなど、これまでも何度か大がかりな片づけを経験し、そこから得た教訓は、「家族で仲良く片づけ作業をすることは最初からあきらめる」。そして「片づけたいと強く思っているほうが主導する」。

大切なのは、「一緒に仲良く」は無理でも、「ケンカは避ける」こと。お互い感情的になってしまうと、ただでさえ体力を消耗する作業に、家族に対する不満やイライラも重なって、余計に疲れます。効率は下がり、家の中の空気も険悪と、いいことが一つもありません。

本来、片づけは不要なものを手放して心身共に軽やかになる、人生の棚卸しです。よりしあわせに暮らすための片づけで、家族仲が悪くなるなんて、本末転倒。とはいえ、すべての人が片づけの必要性を理論で納得できるわけではなく、理屈としての正当性と、「捨てたくない」「捨てるのがつらい」という感情が折り合わない人もいます。

感情の部分で片づけを拒んでいる人を、なんとか変えようとがんばるのではなく、片づけることに意欲的な人が主導して早くゴールに到達すべし、というが今のわたしの考え。

たとえば、数年前の納戸のリノベーションのとき、夫が一人暮らしのころから買い込んだ本やマンガが大量に押し込んであるのを、工事の前に整理するよう何度もお願いしましたが、腰を上げてくれませんでした。

やらなくてはいけないとわかっているのにやりたくない、という彼の意思が、夫婦としてそれなりの年数を共にしてきたことで理解できたのと、ケンカで膠着状態になる猶予すらなかったため、「わたしが片づけ隊長になるから一任してほしい」と冷静に伝えました。

とはいえ、無慈悲にすべてを捨てるのではなく、残せる量を先に決め、優先順位の高いほうから本を選んでもらって、収まらないものは知り合いの古本屋さんに買い取ってもらう手配をしました。マンガは、専用の収納ケースを買ってシリーズごとに収めて整理しました。

そもそも本人がやりたがらない作業に、言葉かけだけでゼロから取りかかってもらうのは、難易度が相当高い。それはまるで、自分からカレーが食べたいと言い出したわけでもない子どもに、今夜どうしても家族でカレーが食べたいからと、ゲームを中断させて材料の買い出しを頼み、帰ったらすぐ調理に取りかかってもらうようなもの。

だったら、食材の準備と野菜の皮むきくらいまでは料理に手慣れている大人がやってあげて、具材を同じ大きさに切って鍋に入れて煮込む、というプロセスからお願いする。そうすれば、夕飯はいつも通りの時間に出来上がり、子どもは「自分でカレーをつくった」という達成感が得られ、みんなでおいしくカレーを食べられるでしょう。

片づけは、相手が大人であっても、同じ目線の高さで正論で説得するのではなく、できる人ができない人のぶんをカバーする心構えで取り組むと、衝突は避けられ、目的を早く遂行できるように思います。

また、実家の片づけにおいても工夫が必要です。わが家でも、義父が亡くなり、義母がマンションに一人暮らしをすることになったとき、夫と一緒にモノであふれた義実家を片づけました。

このとき、義母を観察しながら思ったのは、思い出のモノを捨てたくないというより、一つ一つの要不要を判断することや、片づけ作業自体に体力的なしんどさを感じてやりたくないんだな、ということでした。

そこで「面倒なことは全部わたしたちがやるし、なるべく捨てずに、欲しいと言ってくれる人に引き継ぐから、任せてもらっていい?」と提案したところ、義母はホッとした表情で承諾してくれたのです。「どうしても捨てたくない」というモノは実は少なくて、結局は「面倒くさい」という感情から片づけに対して拒否反応を示していたようです。

時間も体力もある若い人に「こっちが全部片づけてあげるから」と申し出るのは、一概におすすめはしませんが、高齢の親が相手なら、引き受けてもいいように思います。

家族を見ていて思うのは、モノを捨てたがらない人も、モノにあふれた家で暮らしたいわけではないということ。スッキリ片づいているほうが気持ちいい、という感覚は同じで、ただ「捨てるものを決める」という行為が、面倒だったりつらかったりする。その役割を担ってあげるのが、「ケンカせずに片づける」を速やかに達成する、現実的で確実な方法ではないかと思います。

また、言葉で気をつけるのは、「捨てる」という表現をなるべく使わないこと。実際、ゴミとして処分するのはいよいよ最終手段として、メルカリや不用品買取サービスを利用しながら、「引き継ぐ」を実践しながら片づける努力をします。片づけを拒む感情には、「まだ使えるものを捨てるなんて」という良心の呵責がはたらいているケースも多いもの。「この家に置いておくより、もっと活用してもらえる場所に移動させる」というイメージが持てると手放しやすくなるので、そのための言葉かけも意識しています。

愛ある助言は「やんわりスルー」を決めてもいい

こういうことは家族しか言えないからと、親から子に注意をしたり、直したほうがいいところを指摘したりする。

言われたほうは、まだ価値観が形成されないうちは素直に聞いたとしても、自我が育つにつれて、必ずしも親の言うことが正しいわけではない、だから従わない、という態度に出ることもあります。

そんな対立や衝突が増えるのが子どもの思春期ですが、親子それぞれ年齢を重ね、いい大人同士になっても、価値観は必ずしも同じとは限らず、意見が食い違うことも。

それでも子ども時代と違うのは、指摘してくれる相手の気持ちを汲める点だと思います。相手も暇つぶしでガミガミ言っているわけじゃない。こちらを慮りながら、でも伝えたほうがいいと思って言ってくれている。それがわかるから、意見に従えないことに対して、申し訳なさを感じて複雑な気持ちになるのです。

そんな例として思い出すことが2つあります。

一つは、娘が保育園に通っていた3歳くらいのときのこと。わたしの母から「朝、うんちをする習慣を、小さいうちにつけておいたほうがいいわよ。そうでないと、あなたみたいに便秘症になるから」と言われました。

長年、便秘に悩んできたわたしは、娘に同じ轍を踏ませたくないと、翌日からさっそく、登園前にトイレに座らせる習慣を加えました。

ところが、娘はそう都合よく朝から排便をしませんでした。なのに、新しい習慣によって、身支度がいっそうバタバタするうえに、結局うんちも出ていないというモヤモヤ感がわたしを苦しめました。あれは結局、何日くらい続いたでしょうか。たしか1週間、せいぜい10日くらいで、習慣化する前にあきらめました。

それから13年が経ち、娘は、わたしと違ってこれまで便秘に苦しんだことはありません。毎朝必ず排便する習慣はないけれど、一日のうちのどこかの時間では出ているといいます。あのとき、モヤモヤがイライラに変わる前に、さっさとあきらめてよかったんだと、今思います。

もう一つは、数年前、『すこやかなほうへ 今とこれからの暮らし方』という本を出版したとき。

本を読んでくれた母から、夫を通じて「ここがどうしても引っかかるから重版のタイミングで、直すか削るのがいいと思う」と指摘を受けた部分がありました。

それはまさに、推敲しながらもっとも悩んで書いた部分でした。人間関係の話で、母としては「これを読んで自分のことだと思い当たった人がイヤな気持ちになるのでないか」という意見でした。過去に出してきた本はすべて読んでくれていて、「文字が小さくて老眼には読みづらい」というクレームを除いては、内容に関してそこまで具体的な指摘を受けたことはなく、母は母なりに気を遣って、たまたま夫が一人で実家に立ち寄ったついでに、伝えてくれたのだと思います。

しばらくして、本の重版が決まりました。担当編集者さんから「修正したいところがあれば急ぎお知らせください」とメールが届き、気持ちはグラグラと揺れました。もしかしたら、母と同じように感じながら読む人は多いのかもしれない。でも、これも作品としての表現だからと、わざわざ伝えてはこない。だからこそ、家族しか言えないだろうと、母が指摘してくれたと思ったら、さんざん推敲して書き直したはずが、本当にこの表現でいいのかと自信がなくなってきました。

迷いながら、3回読み返して、結局わたしは「直したいところはありません。このまま重版してください」と書いたメールを編集者さんに送りました。つまり、母の助言をスルーすると決めたのです。

その後、母とは一度もこの件について話していません。母のほうは言いたいことを伝えたらスッキリして、もう忘れているんじゃないかという気もします。そして、わたしが直さなかったそのエッセイは、本の中でもっとも反響があった1本となりました。「自分がモヤモヤしていた気持ちが言語化されていて、読んだら救われた気持ちになりました」という声が届くたびに、迷ったけれど、直さなくてよかったんだと思います。

親が子に言ってくれることは、愛情と心配という純粋な成分だけでできていて、ありがたいだけに、聞き入れるかスルーするかが悩ましくもあります。

でもこうした経験から、必ずしも親の意見に従うことが、自分のしあわせを約束するものではない、というのがわたしの実感です。

大切なのは、自分の意思で決めること。さんざん考えて、こうしよう、こうしたい、と出す結論が、人生を歩んでいくうえではきっと正解なのです。「自分はそうしたくなかったのに親に言われたから」と、くすぶった思いを抱えながら子どもが生きていくことを、喜ぶ親がいるでしょうか。少なくともわたしはそうではないし、わたしの親も違うはずです。

わたしたちが生きることや働くことの目的は、親を喜ばせるためではない。子どもが自分の意思で生き方や働き方を決めて、充実感を持って日々を過ごしてくれることが、親にとっては一番うれしいのです。

だからときには、愛ある助言は、愛情だけありがたくいただいて、対応はスルーを決めてもいい。そう思っています。

家族の会話を盛り上げる共通ネタの見つけ方

わが家は、50代夫婦と10代の子どもの3人家族ですが、娘が中学生になったあたりからは、気の合う友人が3人、人生の一時期を一つ屋根の下で共に過ごしているような空気感になってきました。

もともと、わたしと夫はお互いに音楽とお酒が好きなことで意気投合して、飲み友だちから結婚に発展した夫婦。年は2歳しか離れておらず、同業者仲間でもあるので、立場の違いを感じるような場面がほとんどありません。

娘はというと、その態度から親への畏怖のような感情は受け取れず、人間として対等に見られているのを感じます。わたし自身が子どものころに多少は感じていた、大人と子どもの上下関係のような空気がなく、３人が横並びなのは、娘にきょうだいがいないせいでしょうか。

それぞれが自分の部屋を持っているので、一人で過ごす時間も多いですが、３人が集まってごはんを食べたり、高校野球や朝ドラをワイワイ言いながら観たりする時間もあれば、夫婦、母娘、父娘の組み合わせで２人で出かける日もあります。

高校生の子どもと仲がいいのをうらやましがられることもときにはありますが、その理由については、少し心当たりがあります。

振り返ってみると、保育園、小学校、中学、高校と、子どもが通っている場所に出向くことにはわりと積極的で、先生や友だちの顔とキャラクターを把握することで、子どもの話をいつも心から楽しんで聞くことができました。

とくに高校生になってからは部活の試合の応援に行き、メンバーの顔と名前を覚えたことで、毎日の報告を聞くのがさらに楽しくなりました。こちらが楽しそうに聞くと、話すほうもうれしいのでしょう。部活にノータッチだった中学生のころより、親子関係は良好です。

いくら家族でも、すべての話を熱心に聞けるわけではありません。趣味が合わなければ、話題に興味が持てないこともあるし、そうした反応は伝わるので、話すほうも相手に物足りなさを感じてしまいます。だからといって興味が持てないものに無理やり付き合うのもつらい。もともと個人主義なわたしは、家族としてそうあらねばという意識が低めです。

だからこそ、子どものためではなく自分個人の興味として、娘のフィールドに出かけていくようにしています。

そこで出会う子どもたち、先生、保護者の方々も、娘という存在がいなければ、一生関わることがなかった相手です。いつも家で、自ら選んだ仕事と人間関係を中心に過ごしている身として、子ども関係の用事は、つい狭くなりがちな視野を広げてくれる、いわば「取材」のような機会。そこで気の合うママ友が見つかるとか、進路に有力な情報が得られるとか、わかりやすい収穫はなくても、その日の子どもとの会話が活気づく効果はたしかにあるように思います。

子どもの学校に出かけるのは主にわたしが担当してきましたが、雑談上手な夫は、ご近所の情報収集能力に長けていて、毎朝の日課のウォーキングで、娘の保育園や小学校時代の同級生に声をかけては、進んだ学校や入っている部活まで聞き出してきます。それを娘に報告しては喜ばれ、わが家の雑談はさらに盛り上がるのです。

わたしも夫も、子どもと仲良くなりたいからと無理してやっていることは何もなく、あくまで自分の生活や人生に新鮮な風を送り込むためにしていることが、子どもとの接点を増やしているように思います。だから「自分は興味がないのに子どものために時間と体を使っている」といった自己犠牲のような気分に襲われることがないし、「子どものおかげで世界が広がった」と思えるのだと思います。

そういえば、夫の雑談力はわたしの実家でも発揮され、いつも父や母を喜ばせています。とくにわたしの父は口下手で、誰とでも楽しく会話できるタイプではないのに、夫とは感心するほど淀みなく会話をしていて驚かされます。

よくよく見ていると、夫は、相手が話したくなるネタのフックをいくつも持っていて、自分がしゃべるより相手にしゃべらせるのがうまいのです。一見、共通の話題なんて一つもなさそうな義父を相手に、まずは最近の体調を聞くことから始めて、その返答内容とつながる、テレビで見聞きした芸能人の話を「あの俳優さんもお義父さんと同じようなことを言っていましたよ」などと伝えて気分をよくさせ、いつの間にか楽しいキャッチボールにしてしまう。

家族に限らず、どんな場面にも適用できる会話のテクニックだと思いますが、逆にいえば、家族とはいえ、いつも自然に会話が盛り上がるわけではなく、楽しくおしゃべりできるには、そのための構造があるように思います。

肉親であっても、あくまで個別の人格として、適度に心理的な距離を置きながら、自分を大切にしつつ相手との関わりを楽しむこと。

そんなふうに捉えることで、人生全体で見れば、ごく限られた期間である子どもとの年月や、永遠に続くわけではない高齢の親との時間を、味わえたらいいと思っています。

夫婦ゲンカにならずに言いたいことを伝え合う方法

「お金のことなど、夫婦間で言いにくいことを伝えるとき、どうしていますか？」と、Ｖｏｉｃｙのリスナーさんから質問をいただきました。

同じような質問を時々受けますが、そのたびに「わたしたち夫婦には、そもそも言いにくいことが、あまりないのかもしれない」と気づきます。おそらく、ちょっとでも気になることは、その都度、軽めに伝えているからかもしれません。つまり「言いたいけれど言えていないこと」を溜めないので、「言いにくい」状態までにならないのです。

お金、子育て、仕事、介護、体調……夫婦で真面目に話し合わなくてはいけないことは、いろいろあります。自分一人で決められないこともあるし、自分がやりたいことに相手の協力が必要なときもある。

そのたびに2人の意見がピッタリ合い、いつも仲良く心は一つ、なんてことは、もちろんありません。

よくあるのは、思い立ったらすぐ動き出したくなるせっかちなわたしに対して、夫はマイペースで気分が乗るまで動かない、というパターン。こういうときは、まずわたし一人で先にやれることはやり、夫にはこまめに報告だけしておきます。

たとえば、わたしたち夫婦は2020年からNISAとiDecoを始めましたが、同時に口座を開設したのではなく、わたしのほうが数ヶ月早くスタートしました。

書籍企画の通りにくさや本の売り上げ不振などによって、出版不況の深刻さを肌で感じていたわたしが、この先はいよいよ依頼仕事をあてにできなくなるだろうと危機感を持ち、苦手意識のあったお金の勉強を本や講座で始めました。

そうして積立投資の口座を開設したのが、ちょうどコロナ禍が本格化する前。

一方の夫は、わたしが手続きをしていたときは大きな仕事に取りかかって締め切りに追われていたため、緊急事態宣言が出てステイホーム期間に入ってからやっと腰を上げました。仕組みや流れをひと通り理解したわたしが、いろいろ教えながら開設までこぎつけた記憶があります。

どうせやるなら、夫婦一緒にやってしまったほうが効率はいいのかもしれません。でも、気が乗っていない相手の首根っこをつかんで強要しても、いい雰囲気で作業はできないでしょう。出会って20年近くにもなると、相手の性格がわかってきて、なんでも一緒にやることばかりが仲が良いわけではなく、お互いのリズムを尊重して、あえて別々にやることで仲が悪くならない、そういう関係性もあるんじゃないか、と思うようになりました。

他の例では、今暮らしている家も、物件探しに前のめりだったわたしがネットで見つけて、まず一人で下見に来て、その後に夫を連れて再度、内見させてもらったのでした。わたしにはわたしの、「今すぐこれをやっておいたほうがいい気がする」という大切な感覚があるのです。それに従ってどんどん動きながら、毎日のコーヒー休憩のときに夫に進捗報告だけはしておく。状況がわかると家事のサポートに回ってくれるため、「わたしばかり忙しくて相手は何もしてくれない」

という不満が溜まっていくことを回避できている気がします。

それでもときには、お互いの波長が合わず、穏やかな気持ちで向き合えないこともあります。たいていは、体が疲れているときか、時間がなくて焦っているとき。そんな日は、伝え方どうこうより、まずは自分の感情を爆発させないようにコントロールする。そのためにやることはただ一つ、ゆっくりお風呂に入って、さっさと寝ることです。

抑えきれない負の感情を相手にぶつけることは、人によっては必要かもしれないし、状況によっては不可避かもしれません。

でも、言えずに溜め込むか、爆発してぶつけるかでは、ゼロか百。振り幅が大きいほど心身は疲れ、本来の状態を取り戻すのに時間とエネルギーが必要になります。

そうなる前に、とにかく今日は寝てしまうのです。たっぷり寝れば、翌日には体力が回復して、思考も整理され、相手を傷つけずに伝えられる言葉がふわっと浮かんできます。

そういえば最近も、ある仕事に対して夫婦のテンションに差があり、意欲的なわたしが消極的な夫に対してイライラ、一触即発状態となりましたが、無事に回避したどころか、この段階できちんと話せてよかったね、と和解に至りました。

そのときは、言い争いになりかけたところで夫が「ちょっとお互い考えて、明日のコーヒー休憩のときに落ち着いて話そう」と言ったため、一時休戦となりました。

わたしは外に出て、近所を歩きながら、ぐちゃぐちゃにからまった頭の中を整理しました。そして家に戻り、今度はノートに考えを書き出して、落ち着いて伝える準備をしました。

翌日のお昼前、いつも通り夫がコーヒーを淹れ、縁側で向かい合って座りました。すると、夫の手にもノートが。彼も今の考えと今後の方針を書いてまとめていて、それを見ながら、冷静にわたしに伝えてきてくれました。

お互いの意向を照らし合わせてみると、実はそれほど食い違ってもいなくて、30分後には、それぞれ伝え残したこともなく、スッキリした顔でコーヒーを飲んでいました。

何より避けたいのは、一時的な感情を、思いやりのない言葉でぶつけ合うこと。

自分も相手も傷つき、疲弊し、後悔することになります。

どんなに近い相手であっても、感情的にならずに、節度を持って話す。それを積み重ねながら、夫婦の信頼関係は強くなっていくような気がします。

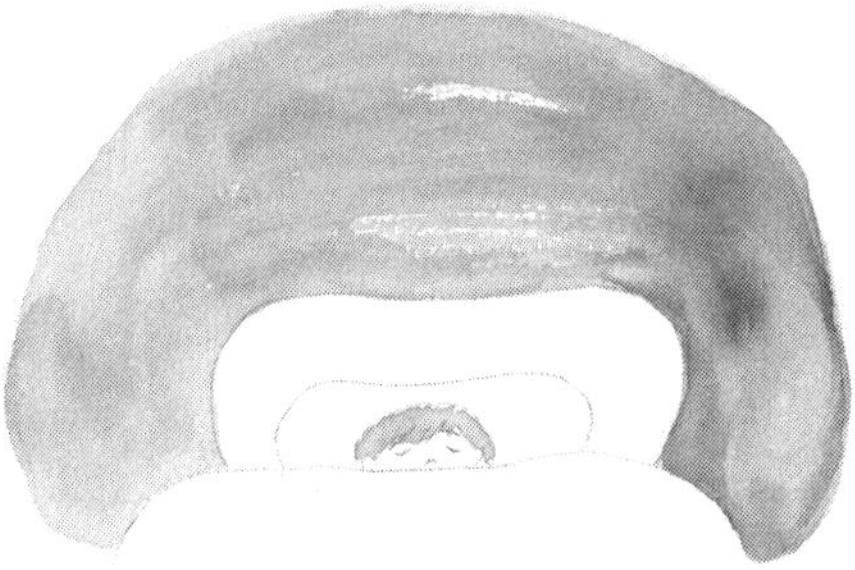

頼り上手と抜き上手で余力を残せる人になる

学生時代に部活に打ち込んだり、仲間と一緒に何かに取り組んだり。そんな青春と無縁だったせいでしょうか。自分はチームワークよりソロワークのほうが力を発揮しやすいタイプだと、ずっと思ってきました。

会社勤めに6年でケリをつけてフリーランスになると決めたのも、事務所に入ったりアシスタントをつけたりもせずに一人でやれる範囲の仕事しかしないのも、もとはといえばその自己分析に起因しているかもしれません。

一人暮らしは性に合っていたし、寂しいと感じたこともあまりない。そんな人間が縁あって結婚して、子どもを育てる中で、かたくなだった思い込みが少しずつほぐれてきたのを感じています。

かつては、仕事も家事も一人で早く完璧にこなすことに達成感を覚えていましたが、それだけが正義ではない、むしろそのこだわりは手放したほうがいいと思うようになりました。

ごはんづくりや庭掃除だって、子どもや夫にやってもらえば、家族一人一人の「ここは自分のキッチン」「自分の庭」「自分の家」という意識が育ちます。とはいえ家事は誰にとっても面倒ですから、放っておいても手は挙がりません。そこで、結局はこれがいいのかなと、今思っている分担方法は、わたしが家を不在にして、後を任せること。こちらが居ながらにして家事を代わってもらおうとすると、つい口を出したくなり、相手はうるさがって、空気がギクシャクします。潔く「後はよろしくね」と家を出て、その間にやっておいてくれた家事を、帰宅したら思いきりほめてお礼を伝える。それが一番スマートな気がします。

一人で暮らして一人で仕事をしていたころは、自分の能力を過信し、他人に任せたり頼ったりするのが苦手で、多少忙しくなっても、全部自分が引き受けてしまったほうが確実だしラクだと思っていました。実際に一人で暮らすぶんにはそれでもこなせますが、家族と暮らすとなったら意識を変えないと、サステナブルではありません。

一人で全部を背負おうとすると、スケジュールにも気持ちにも余裕がなくなり、いつもピリピリした空気をまとった人になってしまう。「完璧かもしれないけど声をかけづらいな」と身近な人に思われてまで、早く片づけなければいけないことって、実はそんなにないのです。それより、いつも機嫌よく、というのはむずかしくても、せめて機嫌悪くならずに毎日を過ごせるところまで、抱えている荷物の量を減らす。そのために一人でがんばりすぎないことが大切だという考えに変わってきました。

自分一人でやる作業はゴールの予測が立てられるけれど、誰かの手を借りると、予定通りには運ばないぶん、一人ではないという心強さがあります。つまりは両方の長所と短所を知っていることが大切で、タスクによって一人でやるか、誰かとやるかを選択すればいい。

そういえば先日、男子テニスの全米オープンの試合をライブ配信で観ながら、一流のプレーヤーってこういうことができるんだな、と感心したことがありました。

それは世界ランキング1位のシナーと5位のメドベージェフという、実力的にはほぼ互角、派手さはないけれど粘り強いプレースタイルにも共通点のある2人の注目の対戦でした。

1セット目は6対2でシナーが先取、次は6対1でメドベージェフが取り、第3セットはまたシナーが6対1で取って……とまるでシーソーのようなゲーム展開。でも明らかに、試合が長引くことを前提に、互いにギアを全開にはせず、体力を残しながらゲームをこなしているように見えるのです。

4セット目、これを落としたら負けてしまうメドベージェフがようやくギアを上げたことで、解説者が「やっと準々決勝らしくなりましたね」とつぶやくような緊迫感が試合から伝わってくるようになりました。世界トップクラスともなると、スタートから一球入魂の気迫で挑むのではなく、先々を見越して体力を温存するような戦い方を選択することもあるのでしょう。力の入れどころと抜きどころを使い分けて、余力を残すことの大切さに気づかされました。

マラソンランナーも、長い距離を走り切るために、ここはただ集団についていくだけ、このタイミングでスパートをかけて抜く、といった作戦を緻密に立てながら走っていることがわかります。早い段階からトップを走っていたランナーが、最初にゴールテープを切ることは稀で、いつの間にか集団から落ち、後ろのほうを走っていることも多い。

この気づきをもって自分の日常に目線を戻してみると、仕事も家事も今日一日を乗り切ることだけに必死にならないで、もっと長いスパンで捉え、倒れたり寝込んだりせずに気力体力を持続できるペース配分をするべきなんだと思えてきます。

人生100年といわれる時代、自立した生活をできるだけ長く送りたいのはもちろんだけれど、どんなに仕事や家事を一人でテキパキとこなせていた人でも、どこかの段階では、誰かに助けてもらいながら生きる立場になるのでしょう。それなら今から上手に家族を頼って、なんでも一人でがんばりすぎない練習を始めておくのがよさそうです。

夫婦が照れずに夢を語り合う時間の効用

毎日のコーヒー休憩で夫婦の会話を持つことの効用はいくつもありますが、それぞれの夢を照れずに気軽に語り合えることも、その一つだと思っています。

月星座占星術家のＫｅｉｋｏさんが提唱する願望達成法「パワーウィッシュ」を実践するようになって４年目。毎月の新月と満月の日は、その時々に浮かんでくる願いをノートに書き出しています。

一見スピリチュアル、実は冷静で戦略的なセルフコーチングの習慣を、夫と娘はおおらかに見守ってくれていて、とくに夫は、もともと目に見えない存在や力を信じる人でもあるため、自分も一緒にとは言い出さないものの、わたしのパワーウィッシュの報告は興味深そうに聞いてくれます。この夫婦の会話まで含めて、とても有意義に感じています。

パワーウィッシュは、天体の配置や動きによって宇宙に起こるエネルギーを、Ｋｅｉｋｏさんが分析し、その影響でわたしたちの身に起こりそうなことを予測したうえで、「だったら今、あなたは何をどう願う？」とお題を出してくれる時間。

予想もしない方向から問いが飛んでくることで、それまで顕在化していなかった願いが、自分の奥深くから引っ張り出され、それを新鮮な思いでノートに書き出しています。これまでいくつもの願いや目標が叶い、人生がダイナミックに変化する感覚を味わってきました。

叶いやすい願い方のポイントを天空図に沿って教えてもらうので、毎回同じことを願うのではなく、今回の新月では仕事のこと、次の満月では家族のこと、その次の新月はお金のこと、その次の満月は健康面のこと……といったように、あらゆる方面から現状と向き合い、大きな螺旋階段をゆっくり上るようにして人生を向上させていけるメソッドだと思っています。

パワーウィッシュをした日は、縁側でのコーヒー休憩にノートを持ち込んで、今回の新月や満月の特徴、叶いやすいことなどを、Ｋｅｉｋｏさんの解説を思い出しながら夫にシェアします。そのうえで、こんなことをノートに書いてみた、という話をするのです。

それはつまり、まったく気負うことなく自分の夢をパートナーに語っている時間です。そもそもこうしてお題をもらい、ノートを開いて頭の中を書き出す習慣を持たなければ、まだはっきりとした輪郭をともなっていない願望を言語化する機会などありません。でもそれをしてみると、実現は可能だと思えてくるから不思議。そしてパートナーの意見も聞いてみたくなります。

わが家の場合、ひらめきや行動が早いのはわたしのほうで、夫はなかなか腰の重いタイプ（だからＮＩＳＡ口座もわたしが先に開設した話を別の項で書きました）。願望や目標も、自発的に湧いてくるよりは、わたしのパワーウィッシュの報告を聞くうちに、「だったら僕はこういうことがしたいかな」と語り出すことのほうが多いのです。

それを聞くたびに、「そんなことを考えているのか」と驚きがあって、長く暮らすパートナーでも頭の中まではのぞけないものだな、とつくづく思います。

夫婦の生活も長くなると、高齢の親の介護や子どもの受験のこと、フリーランスの自分たちはこの先どんなふうに働いて稼いでいくか、といったシビアな話題が増えてきます。もちろんそうした問題一つ一つにも、夫婦で協力しながら向き合うのですが、会話のすべてが現実的な話題ばかりになると、どうしても殺伐として、ゆとりや笑顔が減ってしまいます。

月に1回は夫婦で外食しよう、旅行をしよう、と決めるのもいいけれど、結局は家が一番、自分たちでつくるごはんが最高、と思っているわたしたちにとって、月2回、新月と満月のたびに、今後の目標や願望を語り合うひとときは、いいエッセンスになっている気がします。

そういえば先日、運転しながらカーラジオを聴いていたら、「雑談は必要か」というテーマで2人の女性が対話をしていて、聞くともなしに聞いていたら、「雑談っていわば『お通し』みたいなもの」というところに着地していました。

メニューに載っていない、店側のサービスとして出されるお通しは、それがなくても食事は問題なく成立します。でも、不意にお通しが出されると客側はうれしいし、食事全体が少し豊かな時間になる。そして店のことも好きになる……雑談もそういうものではないか、と。

どうしても今これを話さなくてはいけない、という議題だけをやりとりするコミュニケーションは、仕事の関係ならさておき、家族となると、どこか味気ないものです。

世知辛い現実から短い時間でも少し目をそらして、こんな将来になったらいいよね、と無邪気に語り合える夫婦の時間は、それなりに尊いものなのかもしれません。

そんな対話を照れずに、月2回という意外に多い頻度でできている点でも、パワーウィッシュはわたしにとって大切な習慣です。

名前がつかないコミュニケーションのかたち 2

家族は許し、許されながら生きるもの

日々の暮らしで、また人と接するうえで大切にしているのは、中庸でいること。わかりやすくいえば、感情の波に振り回されないこと。テンションが高くも低くもなりすぎず、36度台の平熱を毎日キープするように、自分がもっとも自分らしくいられる、冷静で落ち着いた状態を守ることを心がけています。

たとえ心がグラッと揺れることがあっても、その揺れた状態から、どれだけ早く中庸の状態に戻ってこられるか。心がしなやかであるほど立て直しは早くなると信じていて、そんなしなやかさを養いたくて、毎日のヨガで、まずはしなやかな体をつくろうとしているのかもしれません。

そうして感情的にならないことをどんなに気をつけていても、ままならないのが、家族との関係。とくに思春期の子育て、とりわけ受験期は、いくら毎日ヨガをやろうと、瞑想をしようと、感情の針は揺れまくります。

自分を俯瞰することは昔から自然にやってきた自覚があるのに、子どもの受験に伴走する立場に置かれると、自らの感情をコントロールすることがこんなにもむずかしいのかと途方に暮れてしまう。他のことならできるのに、なぜ子どもが相手となるとこんなにできなくなってしまうんだろう、と不思議なほどです。

でも、ここで思いきり開き直らせてもらうと、それこそが家族というものだと思うのです。他人と接するのと同じようにはいかない。なぜなら、自分とは違う人間なのに、自分と同じくらい大事に思っているからです。

子どもが成長するにつれて、「この子はこの子の人生を歩んでいて、それはわたしの人生ではない」と割り切れるようになっていくし、親の精神的な負担も少しずつ軽くはなっていきます。けれど、子どもが受験生になる時期が、親の体調や忙しさが絶妙にしんどい時期と重なっていることに、なんとも恨めしい気持ちになります。

うちの場合は、中学受験と大学受験ですが（この本を書いている時点ではまだ大学受験を迎えていません)、幼稚園、小学校、高校受験を経験する家庭もあります。

幼稚園や小学校の受験となると、親子間の衝突とは違うところに大変さがありそうですが、中学受験以降は、親はちょうど更年期に入る年齢というケースが多く、ただでさえホルモンバランスが崩れて感情が揺れやすいところに、自我が芽生え、けれどまだ自立には至っていない子どもと、勉強や成績を巡る攻防が毎日繰り広げられることになる……と、こうして書いているだけで呼吸が浅くなってくるほど、わたし自身、娘の中学受験では自分史上最大レベルのストレスに苦しみました。

Voicyに届くリスナーさんのコメントにも、受験生の子どもに感情的な言葉をぶつけてしまった、と後悔する内容がときにはあり、そのたびに「わかる、わかるよ。わたしだって同じ」と、今すぐその方のそばに飛んでいって、背中に優しく手を当てたい気持ちになります。

夫婦にしてもそうです。

感情的になってしまうのは、生活を共にする相手への愛情や期待、関係性や暮らしの質を今よりもっとよくしていきたい、よくできるはずだという希望があるからこそで、それを伝えたいと、思いがあふれるから。

それでも、感情的にはならないほうがいいのは間違いなく、それがわかっているのに感情的になってしまったとしたら、そのときは、自分を責めず、また嫌いにもならないでいたいと思うのです。

理屈ではわかっていてもコントロールできない部分が、自分の中にはある。その存在を認めて、受容すること。そして、家族にもそんな未熟な自分を知ってもらって、まぁ少しずつ成長していこうよ、と苦笑いしながら許容してもらうこと。たまの家族ゲンカは、愛情がある場所にはどうしたって起こってしまう。そういうものだと前向きに受け止めることも必要です。

外では他人とのコミュニケーションに気を遣っているぶん、家族は許し、許されて生きようよ、という甘さも、あっていいものだと思います。

3章

ＳＮＳの世界で上手に伝えたい

まずは肌の合うＳＮＳとマイルールを決める

「これは楽しい」「これなら続けられそう」と初めて思えたＳＮＳがインスタグラム（以下、インスタ）でした。

今も積極的に活用しているのはインスタだけで、２０２３年からスタートしたインスタのテキストメインのアプリ「スレッズ」や、「ＴｉｋＴｏｋ」のアプリはダウンロードしていません。

ｎｏｔｅやＶｏｉｃｙでも発信をしているし、家族との連絡にはＬＩＮＥを使うので、チェックするアプリをこれ以上増やすのは自分にはキャパオーバーだと感じています。その代わり、インスタはＶｏｉｃｙのプレミアム放送とも連動しながら、リスナーさんとつながったり、告知でストーリーズやハイライトの機能を使ったり、ときにはインスタライブもしたりと、仕事や活動においてフル活用しています。自分の興味がある分野の情報を得るにも、インスタが肌に合うと感じています。

X（旧Ｔｗｉｔｔｅｒ）やフェイスブックは、仕事仲間がやり始めたころ、勧められて一応アカウントはつくり、少しだけやってもみたのですが、単純に相性の問題で、あまり楽しいと思えませんでした。インスタは、そもそも写真や動画を見せ合うSNSとして、きれい、かわいい、おいしそう、おしゃれ、センスがいい、といったポジティブな刺激がもらえる場であること、少なくともわたしには、ユーザー側にそうしたコンセンサスがあるように感じられることが、続けられている要因としては大きいです。

みんなが自己表現をし合う場所でありながら、投稿のメインはテキストではなく魅力的なビジュアルなので、言葉の暴力を目にする機会も、他のSNSよりは少ないと感じています。

そんなインスタをおそるおそる始めたのは２０１９年。最初はもちろん手探りで、フォロワーの一人目は夫、というところからのスタートでした。投稿数と共に少しずつフォロワーも増えていき、この原稿を書いている時点では、継続5年でフィード投稿数は800強、フォロワー数は1万7千人。

10万人規模のインフルエンサーの知り合いもいますし、インスタのPR案件を引き受けることも今はしていないので、この数字自体にとくにこだわりはありません。少なくはないけれど、強みにできるほど多くもなく、がんばって数を増やす工夫や努力をしているわけでもない。

だから自由気ままにインスタの投稿を楽しんでいるかというと、それも少し違います。自分なりに心がけていること、やらないと決めていることがいくつかあって、端的にいえば「モヤッとさせない」「できれば他人を喜ばせる」を大切にしています。

「モヤッとさせない」を最重要視しているのは、不意に目にしてしまう、最近の出来事を書いているようで実は誰かを批判している、それでいて誰のことかははっきり書いていない、という投稿に対してモヤッとすることが過去に何度かあったから。

一時的な感情に任せて、今抱えている不満をSNSで吐き出してスッキリしたい、怒りを感じる相手を間接的に攻撃したいと投稿することは、個人のモヤモヤを不特定多数にバラまくマナー違反の行為だと感じてしまいます。それはXでは当たり前に許容されているのかもしれませんが（わたしは早々に離脱したのでそのあたりのマナー感覚はわかりません）、インスタはそういう場所ではないと思っています。

楽しくて便利なツールとして使い続けるために、自分の投稿も「他人を不快にさせない」を大切にしながら、季節ごとの庭や家の風景、つくったお菓子の写真、新しく出た書籍のお知らせなどを脈絡もなくアップすることをしばらく続けていたのですが、「他人を喜ばせる投稿をするとこんなにも広がっていくんだ」と気づいたきっかけがありました。

それは２０２１年から２０２２年にかけての時期のこと。年末の大掃除で家の中や外をきれいにしたり、冬の低い日差しが室内に差し込む様子が美しかったりで、縁側やリビングの写真を立て続けに投稿した時期がありました。

おそらくそれが、インスタのアルゴリズムによって古い家や建物が好きな人のタイムラインに「おすすめ」として流れたのでしょう。国内外のまったく知らない人からのフォローが、アプリを開くたびに何百人単位で増えていって驚きました。

それまでインスタの発信において「自分に求められている投稿はどんなものか」という視点で真剣に考えたことはなく、いってみれば自分の都合で、お知らせしたいことがあるから、きれいな写真が撮れたからと、それだけの動機で投稿していたのです。悪いことは何もないはずですが、まったく知らない人や、言語の違う海外の人からもフォローされるアカウントには、見る側のニーズを満たすエンタメ性が必要なのだと、大きな気づきを得る一件となりました。

バズったともいえない規模ではありましたが、わたしにとって、ＳＮＳの価値や意味を捉え直す機会となった、エポックメイキングな出来事だったのはたしかです。

そこからさらに、「自分に求められているものとは」「他人を楽しませ、喜んでもらえるＳＮＳ投稿とは」を追求していった話を、次の項で書きたいと思います。

「いいね」を分析すると自分の強みが見えてくる

前の項で書いた、小規模ながらもわたしにとって初めての「バズり」によって、インスタのフォロワー数は1万人を超え、奇しくも同じタイミングでＶｏｉｃｙでの音声配信がスタートしました。

始める前はまったく予想も期待もしていなかったのですが、Ｖｏｉｃｙのリスナーさんがわたしのインスタやｎｏｔｅをフォローして、過去の著作まで遡って読んでくださる事実を受けて、発信や表現活動は、複数を並行して行うことで横につながり合いながら広がっていくことを実感しています。

それまではブログと書籍で文章による表現を続けていたわけですが、時折ご感想のメールをいただくことはあっても、即座にたくさんの反応があるわけではないし、自分が書いたものがどんなふうに届いているのか、または届いていないのかもわからないまま、ただその時々で書きたいものを書き続けているだけでした。つまりマーケティング感覚がゼロだったのです。

インスタもフォロワーが百人や千人単位の時期は、何を投稿しても「いいね」の数にはそれほど差がありませんでした。でも1万人を超えたあたりから、面白いくらいに差が出てきて、この「いいね」が、「自分に求められているもの」を知る大きな手がかりとなりました。

たとえば、外食やおでかけの投稿より、家の投稿のほうが断然「いいね」の数が多い。その家の写真も、庭の写真より、室内の写真の「いいね」が数百も多い。おやつの写真も、わたしが手づくりしたケーキをキッチンで撮った写真に300の「いいね」がついたとしたら、縁側でコーヒーと一緒に夫婦でいただいたことがわかる、お菓子の向こうに夫の体がぼやけて写り込んだような写真には500以上の「いいね」がつく……など、友人や知人が「見たよ」の目印として押してくれる「いいね」ではなく、ファン未満の人が、写真を見た瞬間に感覚的に押す

「いいね」に、わたし自身もまだ気づいていない、「他人を喜ばせることができるもののタネ」が潜んでいるらしい。その仮説を検証するように、一時期はマーケティング目線でインスタグラムの投稿を試していました。

その結果、現在のインスタグラムがマーケティングに基づいた内容になっているかというと、実際はそこまで徹底する情熱も労力もないのが正直なところですが、それでも「投稿は常に他者目線で」という方針を固めるきっかけにはなったと思っています。

最近インスタグラムを始めたばかりという方に、手探りなりに5年ほど続けてきた立場からアドバイスできるとしたら、まず最初は「この人の投稿は感じがいいな」「フォローしたいな」と心が動いたアカウントをよく研究することからスタートしてみるといいと思います。

自分が「いいね」を押したくなる投稿には、そこに価値観として通じ合うものがあるからです。その通じ合う部分はどこなのか、解像度を上げてじっくり分析してみるのです。カフェで目の前に置かれたコーヒーとケーキを撮るにしても、真上から俯瞰で撮るのか、自分が座った目線からパースをつけて撮るのか、思いきり対象に寄るのか、空間を感じるくらいに引くのか。それぞれ表現される空気感は変わってきます。まずは見る側として、「この写真、好きだな」という投稿や、「これくらいのテンションや長さのキャプションが読みやすいな」という投稿を見つけるのです。

次はそれをお手本にするわけですが、誰かの真似をしたくても、どうしたって自分オリジナルになってしまうのがインスタの面白いところ。投稿者が意図したりコントロールしたりできない部分で、全体から「その人らしさ」が滲み出ます。もちろん、整理収納や料理、ダイエットなどのアカウントのように、フォーマットをしっかり決め込んだビジネス的な投稿であれば、投稿者のパーソナリティーは見えにくくなりますが、プライベートな発信にはつくづく「人」が出るなぁと感じます。

かつて、フリーランスのクリエーターには「ブック」と呼ばれる大切な仕事道具があり、初めて仕事する相手や営業先には、最近の仕事がわかる写真やページをまとめたファイルを差し出して、それを見てもらいつつ、言葉でも「自分にできること、やりたいこと」を説明する必要がありました。

SNSの出現で、その重くて分厚いブックはほとんど不要になったのではないでしょうか。直接会ってファイルを渡さなくても、SNSのアカウントを見てもらえれば、仕事の実績は確認でき、さらにインスタなら、美意識や暮らしぶりも知ってもらえるのですから。

また、ブックは仕事の成果物しか見せることができませんでしたが、SNSでは、その過程や、込めた思いも残せて、しかもどんどん最新情報を更新していけます。ポートフォリオとしてなんて便利なんだろうと思います。

もちろん、どんな使い方をするかは自由、アカウントを非公開にしたまま楽しむこともできます。でも、自分の経験で伝えられるのは、公開アカウントで顔も知らないフォロワーさんがくれる反応を手がかりに、「自分だけでは知り得なかった自分の強み」に気づけたという実感です。

自分が好きなものと、他人から求められることの接点を、わたしはインスタで見つけられたと思っています。

風の時代のＳＮＳは「しあわせをシェア」の意識で

「風の時代」とは、もともと占星術の世界で使われていた言葉ですが、その幕開けのタイミングが２０２０年12月、ちょうど世界がコロナの閉塞感に喘ぐ時期と重なったことで、あっという間に認知され、誰もが日常的に使うまでに浸透しました。

風の時代においては「目に見えないもの」「自由に動いていくもの」に価値が置かれるといわれ、ＳＮＳの「世界中どこにいても趣味や価値観が合う人同士が軽やかにつながれる」というコミュニケーションのかたちは、とても相性がいいようです。

わたし自身、インスタは2019年から始めていましたが、風の時代に入ってからというもの、その軽やかさや広がり方、しばられない感じがなんだか心地よく感じられるようになりました。そして今では、「肌に合うSNSであれば、やらないより断然やったほうが楽しい」と思っています。

2022年にVoicyを始めてからは、インスタと連動しながら、リスナーさんとの交流を楽しんでいます。

わたしのVoicyのリスナーさんには本好きな方が多く、放送で本を紹介した日はコメント欄がにぎわい、ご自身のおすすめ本を書き込んでくださる方もいます。

ある日、一人のリスナーさんからリクエストのメッセージが届き、「Voicyのコメント欄だけでなく、インスタでもリスナー同士がつながれる仕組みをつくりませんか」と、具体的な方法を提案してくださいました。

インスタ上で、わたしのVoicyのリスナーだとわかるオリジナルのハッシュタグをつくり、個々の投稿にその共通タグを付ければ、「あ、これは奈緒さんのVoicyのプレミアム（有料）リスナーさんの投稿だ」と気づける。そこに「いいね」を押したり、コメントを入れたり、直接メッセージを送ったりして、簡単にリスナーさん同士がSNS上で知り合える、というものでした。

「なるほど！」と思ったわたしは、すぐに「#voicy家好き読書部」のタグ（わたしのVoicyチャンネルが「家が好きになるラジオ」なので）をつくり、放送やストーリーズでお知らせをしたら、あっという間にリスナーさんがこの方法でコミュニケーションしてくださるようになり、全国でオフ会が開催されたり、お互いの夢を応援し合って行動を起こしたりと、Voicyとインスタ、さらにLINEオープンチャットを自由に行き来するコミュニティーに育っています。

また、Voicyのプレミアム放送で、最近気に入ってつくっている米粉のおやつレシピを紹介したときのこと。

レシピ元は米粉おやつの発信をしているインスタグラマーさんの投稿だったので、その方のインスタのリンクを放送に貼ったところ、リスナーさんたちがその日から次々におやつをつくって「#voicy家好きおやつ部」の共通タグを付けて投稿してくれました。

そのとき、わたしだけでなくレシピ元のインスタグラマーさんのアカウントも一緒にメンションしてくださる方がいたため、相手が気づき、わたしのインスタにお礼のメッセージを送ってきてくれたのです。

ある日ふとインスタに流れてきて「わぁ、おいしそう！　つくってみたい！」と思った米粉のスコーンが、簡単でとびきりおいしくできた。「これはプレミアムリスナーさんたちに教えたらきっと喜んでくれるはず」と、Ｖｏｉｃｙの放送でレシピの投稿リンクを付けて紹介した。すると今度は、実際につくった方々がインスタに写真を次々と投稿して、わたしとレシピ発案者の方をメンションしてくれた。それによって、わたしとその方がつながれた……この楽しくて軽やかでスピーディーな展開こそ、まさしく風の時代ならではと感じます。

こんなことが起こるたびに、風の時代に入ったばかりのころ、「シェアやコラボレーションの動きが活発になる」と盛んに聞こえてきたのは、なるほどこういうことだったのか、と深く納得しています。

このようにインスタは、タグ付けをするとしないとでは、広がり方がぐっと変わります。だから、気に入ったお店や商品をインスタで勧めるときは、そのお店やメーカーの公式アカウントをタグ付けして投稿しています。相手が気づいてくれるだけでなく、見る人にとっても、わたしの投稿からそのまま詳細がわかる場所に飛べるため、情報の有益性がアップします。ここでも「他人を喜ばせたい」という意識が、タグ付けという行動につながっているのです。

「わたしの本を読んで、感想をインスタに投稿してくださる場合は、ぜひわたしのアカウントをタグ付けしてくださいね」とお願いしているのも、わたしがその投稿に気づいて自分のインスタでもシェアしたいと思うからです。こちらは感想が読めると純粋にうれしいし、読者レビューは本の宣伝にもなる、とてもありがたいもの。また、感想を投稿してくれた方も、本の作者が喜んでいるとわかったらきっとうれしいでしょう。

こんなふうに、ただ自分が楽しかった、おいしかった、というつぶやきで終わらせるのではなく、「みんなもぜひこれを体験して、わたしと同じようにハッピーになってほしい」という気持ちを乗せてタグ付けやシェアをしてみる。それだけで、ＳＮＳの楽しさはぐんとスケールアップするのを実感しています。

インスタグラムと地元愛の深くていい関係

インスタグラムというSNSに感じている魅力を、自己表現ツールとしてではなく、コミュニケーションツールという角度から語ってみようと思います。

現在、家族とともに暮らしている千葉県松戸市は、4歳から24歳まで過ごしたいわゆる「地元」ですが、もともとは地元愛に厚い人間ではなく、この地に戻ってきたのも「実家のそばで家族に子育てをサポートしてもらいながら仕事を続けるため」という現実的な理由からでした。

24歳から38歳まで暮らした東京・世田谷から、千葉へ引っ越してきたのは2010年。それから9年間は、主にブログでの発信に力を入れていました。友人や仕事仲間はどんどんインスタを始めていて、わたしにも勧めてくれましたが、物書きである自分が写真メインのＳＮＳをやる意味をもう一つ見出せなかったのです。

でも今になってみれば、理屈っぽく考えすぎだったと苦笑いするしかありません。前の項で書いたように、自分では気づけない強みや個性に気づかせてくれる、新しい発見に満ちた場所がインスタという世界だったからです。

たとえば、わが地元がこんなにいい場所だったのかとしみじみと思えるようになったのも、インスタのおかげかもしれません。今では行きつけのお店やスポットも、最初に情報を得たのはインスタだったケースが少なくないし、そのお店の人たちと仲良くなるのにも、インスタの投稿でお店のアカウントをタグ付けすることで、こちらの存在を認識してもらえて一気に距離が縮まった、ということが何度もありました。

そのせいか、ＳＮＳはこっそりやるより、なるべくオープンに楽しんだほうが、得られるメリットは大きくなると個人的には思っています。そして、しつこいようですが、自分が楽しむだけでなく、見てくれる人を楽しませる意識を強く持つこと。具体的には、素敵なお店を見つけたうれしさを投稿するならば、そのお店の情報をきちんと載せる。もちろん、写真を撮るときに一言「インスタで紹介してもいいですか？」と確認することは最低限のマナーです。たいていは喜んでくれるし、「他のお客様が入らないように写真を撮ってもらえるなら」などと注意点を先に伝えてくれるので、がんばって何時間もかけて投稿したのに削除しなくてはならないような事態を防げます。

もちろんSNSにおけるマイルールは人それぞれなので、守りたい世界観のために具体的な情報は載せない、と方針を決めるのも、誰かに迷惑をかけない限りは否定されるべきものではないと思います。でも、自分が誰かの投稿を見る側に回ったとき、すごく素敵なお店の写真や動画が流れてきてまず思うのは、「ここはどこ？」ではないでしょうか。そのクエスチョンに対する答えがちゃんと載っている投稿と、その情報を提供してくれた発信者に対して、人は「いいね」を押したくなり、「この人をフォローしたい」と思うもの。そう捉えておいて間違いはないように思います。

「いいね」やフォロワーが増えるだけでなく、紹介したお店との関係も深めてくれる効果があります。なぜなら、自分のお店を好意的にレビューしてくれるお客さんは何よりありがたい存在だし、その人の投稿をきっかけに、お客さんがまた増えるかもしれないのですから。だからインスタのアカウントを持っているお店であれば、なるべく投稿にタグ付けをする。そうするとお店の人は「さっき写真を撮影していいかと聞いてくれた人だな」と思い当たりながら、他の投稿もチェックしてこちらのプロフィールを探ってくれます。もしかしたら投稿に「本日はご来店ありがとうございました」とコメントを入れてくれるかもしれないし、ダイレクトメッセージで一言お礼を送ってきてくれるかもしれない。または、お店のストーリーズでシェアしてくれる、なんてうれしいことにも発展するかもしれません。でも、先にうれしいことをしたのは、お店のアカウントをタグ付けして投稿した自分なのです。こんなふうに、相手や見る人のことを思いながら投稿する姿勢でいれば、ハッピーの連鎖がどんどん拡大していく……わたしが感じているインスタの威力はそこにあります。

いい距離感で付き合える地元の知り合いが一人増えるごとに、その土地が自分にとって、どこよりも居心地のいい場所になっていく。こんなふうに地元愛を育んでこられたおかげで、かつては根強く持っていた「新しくて面白い場所はすべて東京にある」なんて思い込みはすっかり手放すことができました。

今は、都心の最新スポットにわざわざ出かけることより、のどかな郊外で、半径数キロの範囲内で過ごす一日のほうにずっと大きな価値を感じるし、まったく気負ったり疲れたりしないでいられる地元への愛着は、地に足のついた感覚とともに、人生をより安心で豊かなものにしてくれると思っています。

だからSNSを単に「みんなが自己表現をし合う場」と捉えるだけではもったいない。今の自分の普通の生活がイキイキと輝き出す可能性を、いくらでも見つけられるのですから。

「わかりやすく伝える」にちゃんと向き合ってみる

　SNSは日進月歩で進化していますが、これを書いている時点で、インスタグラムにおいてはリール動画が活発です。わたしのフィード投稿も、いつの間にかリールが大半になってきました。

　初めてリール動画を作成したのは、2022年の冬、11冊目の著作『すこやかなほうへ　今とこれからの暮らし方』の発売日直前でした。

　手元に見本が届き、アマゾンや書店での予約もスタートし、そのタイミングでできる宣伝活動として、本をパラパラめくる様子を動画に撮ってインスタに投稿しようと思いついたのです。

ネットで「リール動画のつくり方」と検索しながら数時間かけて動画を作成してみると、それまでの静止画を複数枚載せた投稿よりずっと吸引力があるように感じました。勢いで、過去の著作すべてを紹介する動画もつくって投稿しました。

こんなふうに、初めてのときは大変だけれど、やる気になりさえすれば、親切でわかりやすい解説はネットですぐ見つかるし、回数をこなすほど作業にも慣れていきます。何より「こんな本をつくってきました」と短い文字を入れた動画は、10年にわたる自分の本づくりを、どんなに言葉を尽くして説明するよりもわかりやすく、またインパクトを持って伝えられる手応えがありました。

つくったリール動画はフィードとストーリーズの両方でシェア。ストーリーズにはリンクが貼れるので、「ご予約はこちら」とアマゾンの商品ページへと誘導。こうすると、動画で本に興味を持ってくれた人が、すぐネット書店に飛んで本の詳細を確認でき、そのまま予約もできます。

ここまでの投稿を終えてみて、ふと、過去を振り返って考えたのです。自分の本が出るたびに、これほど真剣にていねいに、作品に興味を持ってもらう努力をしてきただろうか、と。

答えはノーでした。わたしはいつも「自分という人間や自分がつくるものは、メジャーな人気は獲得できないけれど、それでもわかってくれる人はいる」という強い思い込みとともに生きてきました。

その思い込みには、幼少期からの成長過程で家族や他人に言われた言葉、学校や組織における自分の立ち位置やキャラクターなどが反映されていますが、いずれにせよ「どうせベストセラーなんて遠い夢だし、気に入ってくれた人が長く本棚に置いてくれる本であれば、それでいい」というあきらめや開き直りがあったかもしれないと反省しました。

著作が二桁を数えるまでになってようやく、自分の本に広く興味を持ってもらうために何ができるかを真剣に考え、SNSを使って告知するという具体的な行動を起こしたわけです。つくづく、人生前半の自分の視野の狭さが情けなくなりますが、でもSNSをやっていなかったら、そんな未熟さに、今もまだ気づいていなかったかもしれません。

もちろん、自分なりに届ける努力はしてきたつもりです。毎日綴っていたブログにリンクを貼り、何日もかけて本の解説をしていました。でもそれは、ブログを読んでくれる人、つまりわたしのことをすでに知っていて、新刊を待ってくれている読者を対象とした宣伝活動にすぎません。

本気で作品を売りたいなら、まだわたしを知らない人に興味を持ってもらう必要があるのです。でも、細かな文字がびっしりと並んだ投稿をじっくり読み込む余裕がある人なんてごくわずか。だからこそ、つい見入ってしまう動画で、情報をコンパクトに伝える必要があるのです。

本の宣伝のリールを投稿した際、すでにＶｏｉｃｙの放送ではお知らせをしていたにもかかわらず、アマゾンの予約数が跳ね上がり、担当編集者の方が喜びと労いの連絡をくれました。「パラパラめくられる様子を見ていたら本の発売が待ちきれなくなりました」といったうれしいコメントもたくさんいただきました。「やれるかぎりの宣伝はもうやっている」と思っていたのは奢りであったと、思い知らされました。新しい方法を試すたびに、新しい層に届けられる可能性が広がるのですから。

また、何か宣伝をするたびに、「しつこいと思われたら逆効果だし……」と腰が引けがちになるのは、伝える側の言い訳だと肝に銘じています。何回その宣伝を目にしようと、「気になる」と「購買行動を起こす」の間には大きな差があります。届ける側は、その差の部分に訴えかける工夫をあらゆる角度からするべきなのです。しつこいと思われそうなら、伝え方を変えて新鮮味を出す。それが宣伝というものだと今は思っています。

そもそも、ＳＮＳをやるならば、宣伝することへの躊躇はなるべく早めに手放したほうがいいと思います。「まだ知らない魅力的なものに出会いたい」というのが、わたしたちがＳＮＳをする動機なのですから、「これには価値がある」と心から思えるものを堂々と宣伝すればいい。

大切なのは、自分らしい伝え方かどうかより、受け取る側にとって親切でわかりやすい伝え方かどうか。その視点に立ってみると、不要なこだわりから解放されて、より広く届けられる伝え方が見えてきます。

初めてリール動画を作成してから2年以上が経ち、新しい本が出るときや、広くお知らせをしたいことがあるとき、また日常的な投稿もリールで、すっかり楽しんでいます。この経験をもとに、これから先も新しい方法には気軽にトライしていきたいと思っています。

ＳＮＳでの人格の使い分けとタイトルの効果を考える

ＳＮＳを始めると、多かれ少なかれ、その媒体用の人格が生まれると思っています。

それは悪いことではなく、どちらかといえば自然なことだと思うのです。誰かとつながることを目的にＳＮＳをするのだし、他人と会う前に最低限の身だしなみを整えるのと同じように、ＳＮＳ上での自らの振る舞い方を決め、こんなふうに見られたらうれしい、という意識を持って投稿するのは、むしろマナーの範囲。ドロドロした本音の感情を吐き出して、読んだ人のテンションを下げることに比べたら、「真の姿かどうか」はさほど重要ではないというのが、わたしの意見です。

そしてSNS上の人格をつくる要素として、文章の力はそれなりに大きいと思います。

文末が「〜です」「〜ます」の文章は、不特定多数に読まれることを意識した、節度を持った大人の書き手、という印象を受けるし、「〜してみたよ」「〜してね」といった文体ならば、ぐっとカジュアルで、若い人の文章だなと感じます。または「〜だ」「〜である」の文末表現には、一人語りの日記のようなムードが漂います。

どれが正解という話ではなく、自分がそのSNSを通じて、何を、誰に向けて伝えたいと思うかによって方針を決めればいいと思います。

わたしの場合、インスタグラムの文章は「〜です」「〜ます」、ｎｏｔｅの文章は「〜だ」「〜である」を原則としています。媒体の性質も、フォロワー数も、投稿に求められているものも、それぞれの場で違うと感じているからです。

わたしにとってのインスタの役割は、他の項でも書いているように、見てくれた人が喜んでくれるものであること、また、あくまで主役は写真や動画などのビジュアルだと捉えているので、キャプションはなるべく簡潔にすることを心がけています。

一方でｎｏｔｅは、文章を読みたい、または書きたい人たちが集まるプラットフォーム。わたしも1本1本の記事を、いずれは書籍化する文章の下書きとして、じっくり推敲しながら書いています。文末は「〜だ」「〜である」が多く、書体も有料ユーザーのオプション機能を使って明朝体に設定しています。こうしたことから、インスタと比べると硬派な印象を持たれがちですが、それも自分らしい一面として、プラットフォームごとのキャラの違いをあえて楽しんでいます。

Ｖｏｉｃｙは音声配信ですが、実は文章の力を駆使している部分があり、それは「放送のタイトル付け」です。直感的に「聴いてみたい」と思ってもらえるタイトルを付けることは、放送内容の面白さと同じくらい大切だと思っています。

もともと著名でファンの多い方なら、「○月○日の放送」というタイトルでも、たくさんの人が聴きに来てくれるでしょう。でもそうではないなら、放送に興味を持ってくれる新しいリスナーさんを日々増やす工夫をしなくてはいけません。そのためにはタイトル付けという作業にしっかり向き合う必要があります。

具体的に実践していることの一つは、文字数の調整。意外かもしれませんが、個人的には重視しています。なぜなら、あまりに長いタイトルだと、スマホで表示された際に途中で切れてしまい、タイトル全文が読めません。短かすぎると、どんなことが語られている放送なのかが伝わりきらない。配信を重ねる中で、自分なりにたどり着いた最適解は、30文字前後のタイトルです。

また、気をつけているのは、惹きつけつつも煽りすぎないタイトルであること。直感的に「聴いてみたい」と思ったものの、聴いてみたら「タイトルで煽っているほど大した話じゃなかった」とがっかりされては、逆に信頼を損ねてしまいます。放送内容をギュッと凝縮しつつ、心にスッと入ってくるキャッチーな一文、というイメージを持って毎回のタイトルを考えるとき、雑誌編集者として特集のタイトルをさんざん考えてきた経験が、まさかこんなかたちで生きるとはと感慨深くなります。

職業柄もありますが、タイトルとは、なかなか奥が深くて面白い世界。雑誌にしても個人の発信にしても、タイトルの付け方に美意識が表れると思っています。だからＶｏｉｃｙの再生ランキングをチェックするときも、人気の放送はどんなタイトルなのかという視点を持ってみると、興味を引くタイトルの勉強になるし、お会いしたことがないパーソナリティーの方でも、その人のキャラクターや美学がタイトルから見えるような気がします。

そんなタイトルについてのちょっとマニアックな考察の締めくくりに、これを書いている時点の、Ｖｏｉｃｙのわたしの人気放送のタイトルを並べてみたいと思います。2022年1月から2024年10月までの期間、聴取リスナー数、つまり、タイトルを読んで「聴いてみたい」と再生ボタンを押した人が多かった放送の上位5本です。

- 「朝を制するカギは夜にあった！ 朝活継続のコツを教えます」（2023年2月2日放送）
- 「しあわせに生きるために『はたらく』と『稼ぐ』を分けて考える」（2022年8月30日放送）
- 「安さより品質重視でリピ買いしている1000円以下の美容アイテム」（2023年6月22日放送）

- 「忙しさの質は年代によって変容する。30・40・50代の忙しさとは？」
（2023年9月21日放送）
- 「生きやすい場所にたどり着く過程には生きづらい時期がある」
（2023年12月14日放送）

いかがでしょう？　こうして並べてみると、タイトルってやっぱり重要だなと感じます。

このセンスは、自分がSNSの投稿や目に入ってくる記事にアンテナを張ってみるだけでも磨かれていくので、ぜひ試してみることをおすすめします。

ありがたいコメントと迷惑なコメントの違い

ＳＮＳのコメントには、投稿やアカウントを活気づける効果があります。
とくにＳＮＳを始めたばかりの時期は、「いいね」やコメントがもらえるたびにうれしいもの。その感覚はわたし自身も味わい、今でもインスタ、Ｖｏｉｃｙ、ｎｏｔｅでの投稿に、実感のこもったコメントを入れていただくと、感謝の気持ちが湧いてきます。

一方、迷惑なコメントというのも、残念ながら存在します。コメントを入れる側が意図的な迷惑行為として書き込むのではなく、本人には悪気がないのに、そのコメントが表示されることが、投稿者にとっては迷惑、というケースです。

真っ先に浮かぶのは、イベントの告知をする投稿に対して「その日は都合が悪くて自分は行けない。残念です」というコメントが入るパターン。見かけたこと、ありませんか？

かつて短い期間ですが、フェイスブックをしていたとき、この手のコメントを見るのがイヤでアプリを開かなくなったといえるくらい、わたしはこうした「ごめん、行けない」コメントに対して強い拒否感を持っています。

コメントを入れる人に悪気はなく、事実として「行きたいのに行けない」であろうことは、よくわかります。でも、それをわざわざコメント欄に入れる必要があるのか、書き込む前に想像力をはたらかせてほしいのです。

がんばって準備をしてきたプロジェクトのお披露目が近づいてきて、「今度こんな催しがあります。ぜひ来てください！」とSNSで呼びかけたすぐ脇のコメント欄に「残念、行けない」という言葉が堂々と置かれることの迷惑さ。一度でも自らイベントの告知や集客をした経験がある人なら、とてもできない非情な行為だと思います。

これはむしろコメントを入れることに慣れている人や、投稿者との関係性が近い人ほど、うっかりやりがちな行為なのかもしれません。知人の投稿を見て、「うわー、その日、すっごい行きたいけど、行けないわ」と手帳を開きながら呟く気軽さで、コメントを入れてしまう。とくにフェイスブックは、建前としては友達として認定した人だけがつながり合う場所だけに、逆にコメント欄の公共性やモラルの欠如に首を傾げることが多かった気がします。

それに対してインスタは、フォローするのもされるのも自由で、基本的には、憧れや好感や共感といったポジティブな感情ベースのSNS、というのがわたしの認識です。それでも、まったく悪気なく、でも投稿者にとっては迷惑なコメントが入る事態がときには起こってしまいます。わたし自身にも何度か経験があり、複雑な気持ちで削除させていただきました。

こうした迷惑行為を、無邪気にはたらいてしまうのを避けるには、どうすればいいのでしょう。

答えはシンプルで、「相手の立場になって想像する」。これだけでいいのです。誰かの投稿にコメントを入れる前に、「このコメントを読んで、投稿者の人はどんな気持ちになるだろう」と、一瞬でいいから想像してみる。そのステップをはさむだけで、「残念、行けない」の類のコメントは撲滅できるのではないでしょうか。

告知の投稿に、参加の意思を書き込むこと自体がいけないわけではなく、むしろ「楽しみにしていました」「絶対に行きます」「さっそく申し込みました」といったコメントは、投稿者にとっては涙が出るほどありがたいものです。告知の文章だけでなく、ポジティブな反応のコメントが並んでいると、投稿内容そのものへの注目や関心がぐっと増すからです。

他人を喜ばせる視点を持つことがSNSを楽しむコツだと、いろんな角度からお伝えしていますが、コメントについても例外ではありません。自分が書き込もうとしているコメントは、投稿者を喜ばせるものか、その逆になり得るのか。この目線を持っていれば、マナーに欠けた人にならずに済みます。

また、悪気はないのに配慮に欠けたコメントを入れることは、投稿者にとって迷惑なだけでなく、結局は自分にツケが回ってきます。

投稿者からは、知り合いでもそうでなくても、要注意人物と見なされて、またはそこまででではなくても「残念な人」と思われて、知らぬ間にブロックや制限をかけられるかもしれない。コメント欄を見た人からも「こんな非常識なコメントを入れるなんてどんな人だろう」とアカウントをのぞかれているかもしれません。いたずらに恐怖心を煽りたいのではなく、SNSは、思いやりとマナーを持って振る舞うぶんには、とても楽しく、優しさにも触れられる場所です。けれど、誰のどんな行為に対しても寛容な場所ではないという緊張感も持っておいたほうがいいと思います。

また、わたしのインスタの投稿に入るコメントで多いのは、「後ろに写っている○○（照明や椅子など）はどこのものですか？」というもの。投稿内容とまったく関係ないことがほとんどですが、簡潔に答えられる場合はお答えしています。

お祝いのコメントを大勢の方から入れていただいたときも、なるべく一言でも返信を入れるように心がけていますが、時間に余裕がないときは、「ありがとうございます」と言いながら、「いいね」のハートマークだけは押しています。こうしたマイルールは、個々で決めればいいと思っています。

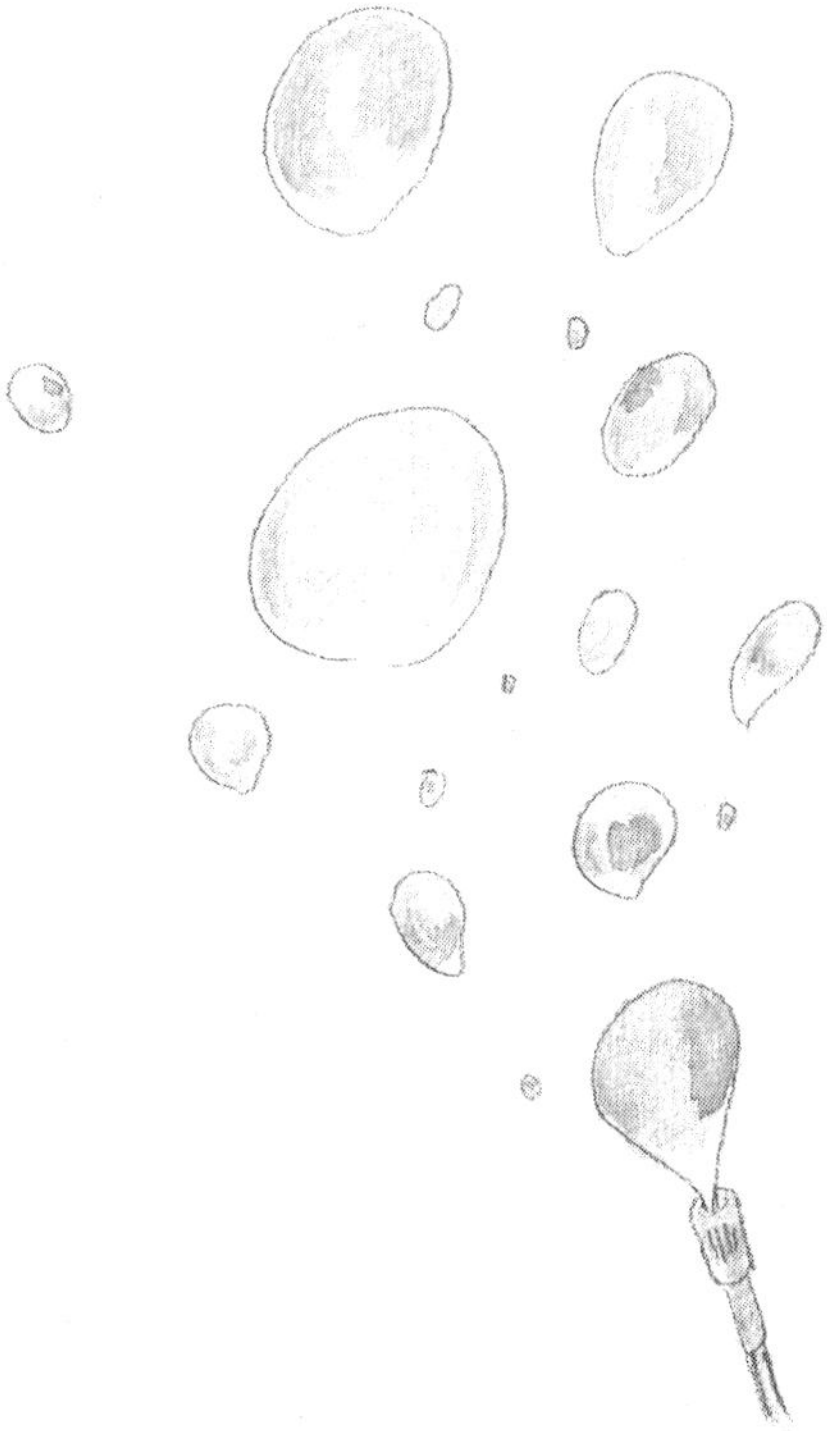

ＳＮＳのモヤモヤを未然に防ぐ確実な方法

既刊の『すこやかなほうへ　今とこれからの暮らし方』に収録しているエッセイ「誰かがうらやましくなったら心の引っ越しをすればいい」は、最初はｎｏｔｅで公開した文章でしたが、有料記事にもかかわらず１００人以上の方が購入して読んでくださり、書籍化した後も、「心に響いた」というご感想をたくさんいただきました。

内容はタイトル通りで、誰かをうらやましいという気持ちに襲われそうになったら、その場から離れる、つまり心の引っ越しをすることで解決する、という話を、わたし自身の過去を振り返りながら書いたもの。

心の引っ越しの具体的な方法の一つとして、「動向が気になって心がざわついてしまう人のSNSは見ない」ということも挙げていますが、これは本当にシンプルで簡単、かつ効果も確実なので、あらためておすすめしたいと思います。わたしが今、誰かのことをうらやましがったり、それに比べて自分なんて、と落ち込むことがないのは、これを反射的にできる術を体得しているからなのかもしれません。

仕事に家事に、毎日忙しく過ごしていれば、いつも上機嫌というわけにはいかないし、ちょっとしたことでモヤモヤした気分にもなってしまいます。そんなときほど、SNSからは距離を置くのが得策。

前提として、わたしは基本的にSNS肯定派で、自分に合うツールを見つけられたら、人生の可能性はぐんと広がると思っています。

でも、モヤモヤ感情との組み合わせには要注意。普段ならなんとも思わない誰かのしあわせな投稿を見て、言い知れぬ嫉妬の感情が芽生えて苦しくなったり、何より怖いのは、自分のモヤモヤをつい投稿してしまうこと。Xでは普通なのかもしれませんが、平和なSNSという共通認識があるインスタでは、たとえ家族や身内の悪口であっても、「個人的なモヤモヤを他人に平気でうつす人」と見られて印象を下げてしまうリスクがあります。

むずかしいのは、内面を赤裸々にさらけ出す投稿には、共感のコメントが多く入りがちなところ。「すごくわかる」「わたしのモヤモヤを先に言語化してくれてありがとう」なんて言葉をかけられたら、自分の言動が肯定された気になって、意外とこういう正直な投稿が喜ばれるのかも、なんて思うかもしれません。

でも、モヤモヤに共感して言葉をかけてくれる人がいるということは、何も言わず距離を置こうとする人もいるということ。実はわたしは後者のほうで、親しかった人でも、誰かを批判しているインスタの投稿を目にしたことで、それまで相手に抱いていた「穏やかな人」という印象が変わってしまい、今後タイムラインにその人の投稿が流れてこないように制限をかけたことがあります。内容を読めば、その人が憤りを感じた理由はもっともだし、書いてあることも正論なのですが、なぜわざわざSNSで拡散する必要があるんだろう、と冷めた目で見てしまったのです。言いたいことがあるなら、相手と向かい合って目を見て話せばいいのに。そのほうがよほどちゃんと伝わるのに、と。

こんなふうに、いくら理不尽な目に遭ったとしても、自分と同じ熱量で怒ってくれる人はいないという現実を、知っておくといいと思うのです。言葉では共感したり、慰めたりしてくれても、まったく同じ気持ちでいるわけではない。それは単に「付き合ってくれている」のだと。

たとえば失恋のヤケ酒の会でも、1軒目は4人で集まったとして、2軒目、3軒目と一人ずつ減っていき、最後は自分だけで部屋に戻ることになります。仲良しの友だちでもそうなのだから、SNSでつながっている人たちに慰めや同情を求めないほうがいい、というのがわたしの意見です。

悩みを文章に書き出すことが悪いのではなく、誰かに対する愚痴や不満を不特定多数に向けて吐き出すのが危険なのです。そうした投稿がタイムラインに流れてきてほしくない人がいることを常に忘れないのが大切。親身になってくれる人に読んでほしいなら、noteやブログなど別のプラットフォームで思いを綴り、SNSではその投稿リンクをおしらせするかたちを取ればスマートです。

こうして書いていると、SNSをうっかり感情的に使わないように自分も気をつけなくちゃと身が引き締まります。とりあえずわたしは、「インスタは表面的でもいいから、そのぶんネガティブなことは書かない」を発信の掟にしています。

受信側としてできることは、嫉妬を感じてしまう相手や、ネガティブな感情をうつされそうな人は、なるべく視界に入ってこないようにする。そうすれば、負の感情が芽生える機会そのものがなくなり、心の平穏を保っていられます。SNSには、そうした「視界に入ってこないようにする機能」がちゃんとあるので、設定するだけで環境はつくれます。

以前Voicyの誰かの放送で、「嫌いな人のSNSほど定期的に見に行ってしまう」という話を聴いたときは、「そういう人もいるのか」とびっくりしたことがありますが、そんな話を面白く語れる時点で、その人にとってモヤモヤ感情はそれほど苦しいものではないのでしょう。むしろ日常に刺激を与えてくれる、ときには味わったほうが楽しい感情なのかもしれません。

わたしはまったくそうではないので、モヤモヤの芽、それ以前のタネの段階から取り除いてしまう方法を選択しています。

誰かのことをイヤだと思う感情、自分にとって心地よくない時間をなるべく生み出さないためにも、SNSとの距離感には慎重でいたいと思います。

発信のスタイルは常に変化していくもの

2024年の時点で取り組んでいる発信は、インスタグラムとVoicy、そしてnoteです。

インスタでは写真や動画、Voicyでは声、noteでは長めの文章を公開していて、媒体ごとに使う体のパーツが変わるイメージを持っています。

ここ数年で、アウトプットしたものは最終的に本というかたちにまとまるようになってきました。以前は「本をつくる」というゴールを目指す過程がブログだけでしたが、いつの間にか、その過程が多様化しています。といっても意図的にではなく、インスタも音声配信も周囲から勧められて始めたし、noteは、40

代を迎えてライターとして依頼される仕事が減ってきたことから自主的に連載を始めたのが実情です。

そう考えると、何か新しいことをスタートするときは、最初から理想を描きすぎて頭でっかちになるのではなく、なるべく自分の中のハードルを下げて、継続しやすいかたちでとりあえず始めてしまうのが、わたしの場合はいいのかもしれません。

そうして始める以上は、その後は変化していくことが必然となります。でも、これは発信に限ったことではなく、どんなことも始めてみないとわからない、始めてみたら気づくことだらけです。

たとえばインスタの発信なら、投稿に「いいね」やコメントが入ったり、フォローされたりすることを実際に体験してみて、自分がどれくらいうれしいと感じるのかは、やってみないとわかりません。価値観の合う人とあっという間につながり合えることに感動して、SNSが楽しくてたまらなくなるかもしれないし、逆に、なんだかわずらわしくて、早々に距離を置きたくなってしまうかもしれない。わたし自身、インスタの前に少し触ったSNSはそんな感じでしたから、自分が心地よく続けられるＳＮＳは、まずは足を踏み入れてみて、試行錯誤しながら、ちょうどいい距離感を探っていくしかないのだと思います。

そうして試行錯誤を繰り返してきた話として、インスタについては他の項でも詳しく書いているので、ここではＶｏｉｃｙの例を書こうと思います。ｎｏｔｅについては、もともと仕事道具でもある文章を使った発信なので、他の２つに比べて続けやすかった気がしています。

でも２０２２年から始めたＶｏｉｃｙでの音声配信は、常に戸惑いと変化の連続で、それは今も続いています。

わかりやすく変化したところだと、収録方法が、スタート時は台本を書いて読むスタイルだったのが、今は台本なしでしゃべるようになりました。

そもそも音声配信を始めたのは、２０２１年に出版した『ただいま見直し中』（技術評論社）という本のプロモーションでラジオ番組にゲストで呼んでいただいた際、その放送を聴いてくださった方々が声や話し方をほめてくれ、音声配信を勧めてくださることが続いたのがきっかけでした。

それまで声の活動をした経験は皆無、それどころか、子どものころから家族に

「しゃべるのが遅い」と注意されていたほどスローテンポな話し方なので、いきなり収録ボタンを押してペラペラと淀みなくしゃべるなんて無理。でも、Ｖｏｉｃｙの社長やスタッフの方、当時すでに人気パーソナリティーとしてランキングされていた方々も、「台本を読んで収録していてはいつまでもうまくならない。つっかえても言い間違えても、今この瞬間の生の言葉こそが伝わる」とよく話していました。

そんなものかなぁと、試しに台本なしで収録してみると、言い淀んだり止めたり戻ったりで、膨大な時間がかかってしまう。これでは続けられないと思い、最初の半年ほどは放送前に台本を書き、それを読みながら収録していました。すると「聴きやすい」「落ち着きます」といった感想がよく届くようになって、フォロワー数もぐんぐん増えていったのです。

物書きなので台本を書くのは早いし、それを読みながら収録すると時間的には効率がいいものの、この方法でしか収録できない体になってしまうのも怖いな、という思いが徐々に芽生えてきました。目の前にアンチョコがある状態では、アドリブ力なんて鍛えられないからです。

そこで少しずつ台本を書く放送の割合を減らしていき、とうとう開始から9ヶ月目、ほぼ毎回の放送で台本なしの収録ができるようになりました。今は有料放送やタイアップ放送など、構成をしっかり組み立てて理論的に伝えたいときは台本を書くことがありますが、そうした放送を聴き返すと、安定感があるぶんライブ感は薄まるな、と感じます。どちらがいい悪いではなくて、ただ、台本なしのリアルなおしゃべりに心地よさを感じてくださる方がずっとフォローして聴いてくださるのでしょうし、わたし自身、台本がなくても短い時間で収録できるスキルをつけたことで、3年間も放送を継続することができたと感じています。

こんなふうに、「今の自分にとって心地よいのはどちらか」を基準に道を選択していると、自分自身の変化によって、表現方法も変わって当然です。

SNSの発信も、今の自分ができるかたちでまずはアウトプットしてみて、その積み重ねから生じる変化は、受け取る側にとっても不自然なものではないことを、経験ゼロから始めた音声配信を通じて感じているところです。

顔出しの意向は人によって違うとわきまえておく

どんなにSNSに慣れてきても、意識をゆるませてはいけないのが、顔出しに対する意向の確認です。

フォロワー数が何十万人もいる人気インスタグラマーさんでさえ、顔出しをしていない方はたくさんいるように、SNSを積極的に楽しむことと自分の顔を出すことは、必ずしもイコールではない時代。顔出しをしないと決めている方も、理由が明確な方から、そうでない方までさまざまです。

一人一人が自らのスタンスを守りながら発信できる自由さがSNSの魅力であり、どんなに趣味や価値観が合う友人でも、顔出しの方針に関してはまったく異なることを、肝に銘じておいたほうがいいでしょう。

わたしがパーソナリティーをしているVoicyでも、顔出しをせずに活動していらっしゃるインフルエンサーさんは大勢います。

そういう方と一緒に写真を撮ると、その方はご自身のインスタで、自分の顔の位置にスタンプを配置して、顔がわからないようにして写真を投稿されます。一方、わたしはモザイクをかけた写真を投稿することに抵抗感があり、これに関しては理由を聞かれたとしても「なんとなくイヤだから」としか言えません。だから、モザイクをかけたい（見せたくない）部分は画像をトリミングしてカットしてしまうか、あるいは投稿をあきらめます。

こんなふうに、SNSに顔を出す、出さない、この写真はOK、またはNG、という意向は人それぞれ違い、しかも言葉では説明できない感覚でもあるので、どんなに気持ちが通じ合う間柄でも、言葉でちゃんと確認する必要があるのです。

とくに子どもの顔がSNSに出ることはプライバシーや防犯上の理由から絶対NGという人が多いので、仲良しだから、と気軽に投稿するのは御法度です。

具体的には、一緒に写真を撮ろう、となった際に「インスタにあげても大丈夫？」とサラッと一言聞く。これは、お店の写真を撮りたいと思ったときに店員さんに許可を取るのと同じ意識です。そして投稿する前に、候補の写真を数枚LINEで送って、「使ってほしくない写真があったらお知らせください」と確認を取れば、さらに安心です。などと書きながら、わたし自身はなかなかそこまで気が回らないのですが、時々そうやって事前確認をしてくれる人がいて、そのたびに「見習わなければ」と気持ちが引き締まります。

大勢で写真を撮る場合は、「顔出しがNGな人はいますか」と先に声をかけて、手を上げて教えてもらいます。

わが家でワークショップを開催する際も、レッスン風景を後日インスタに投稿するため、参加者の方には最初に顔出しの意向を確認して、NGの方がいたら、その方の顔が写らないように撮影をする必要があります。ワークショップを始めたばかりのころは毎回ちゃんと確認していたのに、1年以上続けたころ、「そういえばここ何回か、聞いていなかったかも？」とふと気づいて、反省したことがありました。もしかしたら、本当は顔を出したくないのに、主催者であるわたしに自分から言いづらくて我慢していた人がいたかもしれない……そう思ったら、後の祭りではありますが、申し訳ない気持ちになりました。

モラルやマナーを守り合うことはもちろんですが、もっと繊細な「個人の感覚」の部分まで、大人の思いやりを持って尊重し合うことが、SNSを楽しむコツだと思います。思いやりといっても、顔出しがイヤだと言っている人の気持ちに寄り添って、なんてことまでむずかしく考える必要はなくて、もっとさっぱりと、ただ意向を確認し、その意向に沿った対応をすればいいだけのこと。理由まで聞く必要もありません。

すっかり日常的に使われるようになった「多様性」という言葉と「自分軸」という言葉がありますが、SNSでの顔出しに関しては、多様性を大切にすることを優先し、自分軸で判断するのは危険だと心得ておいたほうがよさそうです。「これがいい」「これがイヤ」という感覚は人によってまったく異なり、それは理屈で説明できないことがほとんど。みんながそのことを前提にしたうえで、最低限の確認を忘れずに、SNSを楽しめたらいいと思います。

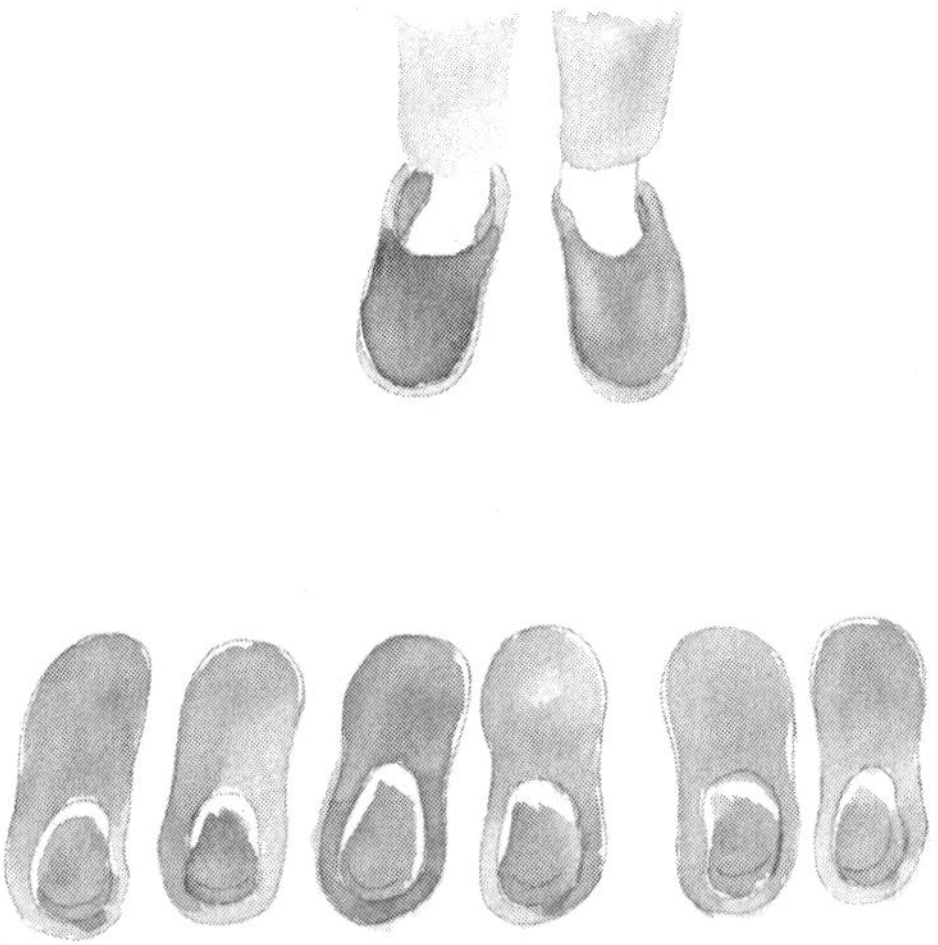

「付き合わされる」をスマートに手放す

Voicyのリスナーさんから寄せられたお悩みに「自分には興味のない話を長々としてくる相手に対して、感じ悪くならずに話を切り上げる方法が知りたい」というものがありました。

誰でも多少なりとも経験があって、イメージしやすい状況だけに、他のリスナーさんからもたくさんの回答が集まりました。

「わたしはこうしています」というアドバイスはどれも具体的で実践しやすく、たしかにわたしも普段やっているかも、ということでは、「時間制限」と「トイレ」という方法がありました。

この人の話はいつも長くて切り上げどきがむずかしい、という相手に対しては、

「次の予定があるから何分だけなら大丈夫」と先に伝えてから話を聞き始める。

話を聞きながら切り上げどきがつかめないときは、トイレに立ち、戻ってきたタイミングで「すみません、そろそろ」とまとめに入る。

どちらも基本的ですが、相手の気分を害することなく、こちらもうまく乗れない話に長く付き合わされずに済みます。

ただ、こういうことを書くと、今後わたしと話をしてくださる方が、こちらがトイレに立つたびに「話がつまらなくて切り上げようとしているのではないか」と疑ってしまうのでは、という心配もあるのですが……さておき、本来、会話とはキャッチボールであって、どちらかが一方的に話し、相手はあいづちだけ、というのはバランスが悪く、コミュニケーションとして成立していません。逆にキャッチボールがちゃんと行われている会話は、どんなに長く続いてもつまらないとは感じないし、ワクワクしながら有意義な時間を過ごすことができます。

このお悩みを送ってくれた相談者さんは、おそらく優しくて控えめな方で、自分がつまらないと感じている事実より、相手が気持ちよく話し続けていることのほうを優先してしまうのでしょう。

他のリスナーさんからの回答で、「つまらないならつまらないと言葉や態度で伝えてしまって問題ないのでは」というものもあり、相手をあからさまに傷つけるかたちでなければ、自分を守るためにそれも必要な対応だと思います。

人生を充実させたいと本気で思うなら、「気は進まないけれど仕方なく付き合う」という状況は、徐々に手放していきたいもの。

わたしたちの時間は有限で、やりたいのに時間が足りなくてできないことだって、山ほどあるのです。だったら単に断りにくいという理由で、大切な時間を差し出すなんてもったいない。そんなふうに考えるわたしは、どんな場にも顔を出す「付き合いのいい人」ではないかもしれませんが、会いたいと思う人には会い、楽しいと思う場には出かけ、それを自分で決められる立場を守りたいと思っています。

そう考えると、仕事でも人付き合いでも、スタンスを決めて、それを周知させることは大切です。

大勢の飲み会が苦手なら、誘われて上手に断る方法をあれこれ悩むより、「あの人は大勢の飲み会は苦手らしいよ」とみんなに知ってもらって、気軽には誘われない存在になるほうが、結局はラクです。

それじゃあ孤立してしまって寂しい、と感じるなら、この人となら話してみたいと思う相手を自分から誘えばいい。けっして人嫌いではないことを、普段の態度をオープンにすることで理解してもらえれば、極端に避けられたり、恐れられることもないはずです。

わたし自身の経験でも、こういうことを書いたり話したり、行動でも表していると、「実は自分も同じタイプなんです」と言ってきてくれる人が意外といて、スタンスを明らかにすることで、人を遠ざけてしまうどころか、むしろ気が合う人と出会いやすくなるように感じています。

時間の使い方も、一緒に過ごす相手も、能動的に決められるようになると、「付き合わされる」という受け身の状態から生じる悩みとは、さよならできる。

自分にとっては興味がない話題も、他の誰かにとっては面白くてたまらない話題なのですから、そう感じる人同士で心ゆくまで話せばいいのです。

自分の時間は、自分が面白いと感じることや、それを分かち合える相手のために、余白を持たせながらとっておく。

それはわたしの中で、能動的に生きるための選択です。

4章

悩みや意見を上手に伝えたい

断り方に人の器や誠実さが表れる

雑誌の編集者時代、常に誰かに取材依頼をしていました。

取材したい相手はたいてい多忙で、事務所に所属していたり、マネージャーをつけていたりする方も多い中、世間に名が知られていて忙しいはずなのに、連絡先は本人の携帯電話という方もいて、そんな相手に連絡するときはとても緊張しました。

雑誌の仕事は進行がタイトなので、こちらが提示する締め切りでは断られることもよくありました。口では「ダメもとで」なんて言いながらも、本心では、出演を真剣に願って、心が動いてくれますようにと企画書を作成するわけですから、了諾してもらえると、跳びはねたくなるほどうれしいし、断られれば、がっくりと残念な気持ちになります。

そんな経験を何百回も繰り返してきた中で、ある方の「美しい断り方」に強く感銘を受けた話を書きたいと思います。

それは『おしゃれと人生。』（筑摩書房）という本をつくろうとしていたときでした。当時のわたしは40代に入ったばかりで、人生の少し先を颯爽と歩いている50代、60代、70代の先輩たちに、ファッションと人生の話をじっくり聞いてみたいと、書籍の企画を立てたのでした。まず雑誌で連載をして、書籍化が決まると、取材相手を数名増やすことになり、そのときアタックした中の一人でした。

その方はファッションの専門家で、マネージャーはつけておらず、担当編集者が調べてくれた自宅の住所に、取材を依頼する手紙と、書籍の企画書、雑誌連載のコピー、わたし自身の著作を一式お送りして、検討してもらうことになりました。

こういう場合、一般的には出版社の編集者がオファーするものですが、そのときは、著者本人から自筆の手紙を添えて送ったほうが、思いがより届くだろうという話になり、わたし自身も編集者として取材の依頼には慣れていたので、「じゃあ、やります」となったのです。

そのころのわたしはというと、商業出版による著作はまだ1冊しかなく、それもテーマは「家づくり」で、「おしゃれと人生についてのインタビュー本」という企画の資料としては役立ちそうにもありませんでした。それでも、小川奈緒という無名の文筆家の力量をプレゼンするために、ないよりはまし、という気持ちで同封したのです。

そんなオファーから1、2週間が経ったころ、携帯電話に、その方から電話がかかってきました。名乗られたときは一瞬呼吸が止まるほど驚いて、ドキドキしながらお話ししたのを覚えています。

結果として、わたしの熱烈なオファーは引き受けていただけませんでした。

でも、その断り方から、人としての芯の強さと優しさがはっきりと感じ取れて、ほんの数分の会話だったにもかかわらず、そして、いまだにその方とは直接目を見て話したことがないにもかかわらず、忘れられない経験となっています。

その断り方の、何がどう素晴らしかったか。

一つ目は、辞退の意向を電話で伝えてきてくれたことです。同封しておいた名刺の、メールアドレスではなく電話番号のほうにわざわざコンタクトしてきてくれたことに感動しました。やっぱり声と話し方には、文字には表れない繊細な感情が乗るので、電話で話せたことで、相手もそれなりに魅力的な企画として前向きに検討してくれたことがよく伝わってきました。

2つ目は、企画としての魅力だけでなく、わたしの書籍や雑誌連載の文章をほめながら、「きっとよい本になると思いますので、楽しみにしています」という言葉をかけてくださったことです。ポジティブな言葉をもらえたことで、こちらには「大御所にアタックしたけど断られた」という事実より、「取材は断られたけど他のことを学ばせてもらった」という感謝のほうが強く残ったといえます。

3つ目は、なぜ取材を断るか、説明された理由が、とても納得のいくものだったことです。

その方がおっしゃったのは、「おしゃれと人生、というテーマは、本来なら、自分自身が書き手として取り組むべきもので、数名の方と並んでインタビューを受けて語ることではないと思ったから」ということでした。その方の職業を考えたら言い分はもっともで、説明を受けたこちらとしては、この本の本質をしっかり捉えてくださったことに感激したのでした。

この例以外にも、30年にわたる仕事人生において、影響を受けたり尊敬を抱いたりした方々には、「断り方が誠実だった」という共通点があります。自分の意見や事情をきちんと伝えながらも、相手を気遣い、次の機会へとつなげてくれる優しさがある。その背景には、多くの場合は声で断られたのも大きかった気がします。

だからといって、今の時代に、「大事なことは電話で」とまとめるつもりはありません。電話を迷惑に感じる状況や価値観も、10年前や20年前よりずっと増えているし、わたし自身、よほどのことがない限りはメールでお断りすることがほとんどです。

ただ、テキストメッセージで断るにしても、電話をかけて声で伝えるのと同じくらいの温度を文面に込めることを意識したいと思うのです。これまでに自分が断られ、でも感謝した例をお手本に、なるべく早く、それでいてていねいに、を心がけながら。

批判的なコメントをチャンスに変える対応とは

わたしがパーソナリティーとして活動しているVoicyというプラットフォームは、「バズりも炎上もない代わりにリスナーさんが優しくてコメント欄が荒れない」ということがよく語られていて、実際、放送に入るコメントの多くは、パーソナリティーのモチベーションを高めてくれるような温かい文面のものがほとんどです。そんな場所だからこそ、不慣れな声の発信を続けてこられたのだと、いつも感謝しています。

それでも、ごく稀にはネガティブなコメントが届くこともあります。

記憶に残っているのは、数ヶ月のうちに2人の方から届いたもので、どちらも、わたしが発信するコンテンツを有料化することに対して疑問を投げかける内容でした。

一人はご意見フォームに、一人は放送に表示されるコメント欄への書き込みで、わたしの本の読者だと書いてある点も共通。「本は買って読むけれど、音声配信やｎｏｔｅまで有料にするなんて」という不満が綴られていました。

フォロワー数が何万、何十万、何百万人もいるようなインフルエンサーの方にとっては、こんなことは日常茶飯事でしょう。いちいち気にしていたら発信なんてできないし、スルーを決め込んでいる方も多いと思います。

しかし、わたしはいずれのケースにも、自分なりに最大限のていねいさで、言葉での対応をしました。

まず、ご意見フォームに声が届いた方は、課金して有料放送を聴いてくださっているプレミアムリスナーさんなので、プレミアム放送内でたっぷり時間を使って、なぜわたしが今、さまざまなコンテンツを有料化するのか、その意図を説明しました（２０２３年９月６日配信「＃４７０ コンテンツの有料化で目指す未来について」放送ＵＲＬ：https://voicy.jp/channel/2582/602744 ※チャプター5、6、7）。その回には共感や応援のコメントがたくさん入り、それらを読み上げながら、さらに深い部分まで話す続編の放送もしました。

最初にメッセージを受け取ったときは、それなりにショックを感じたのは事実です。でも、わたしがコンテンツを有料化することに対して、同じようにモヤモヤした感情を抱きながらも、わざわざ声には出さない方が他にもいたかもしれないと想像すると、勇気を持って意見を届けてくださったおかげで（実際、感情的なクレームではなく、真摯な思いが感じられるていねいな文章でした）、こちらとしては、自分の考えをあらためて整理して伝え直す機会を与えてもらったわけで、結果的にはそのリスナーさんへの感謝の思いが湧いてきた一件でした。

それから数ヶ月が経った後、次はコメント欄に、同じような内容のご意見が、プレミアムに加入されていないリスナーさんから書き込まれました。

わたしのＶｏｉｃｙでは原則として、コメントにお返事するのはプレミアムリスナーさんのみ、それ以外の方はスタンプを押すだけとしています。なので、そのコメントをスルーすることもできたのですが、わたしは返信のテキストを書き込み、「コンテンツを有料化する意図については過去の放送で説明しているので、よろしければ聴いてください」と前述の放送URLのリンクを貼り付けました。

リンク先の放送は、課金しなければ聴くことができないので、誘導したところで素直に聴いてもらえるとは思いませんでしたが、やりとりがコメント欄に表示されている以上、誰からも見える状態です。もちろん最初のコメントを削除することもできますが、わたしはあえて、この批判に対して奈緒さんはどう答えるのかと、興味を持って見守っているギャラリーも意識しながら、冷静にていねいに対応する、という選択をしました。

すると、その週だけで、リンク先の有料放送は10件以上購入されました。予測にすぎませんが、最初にコメントを書き込んだ方は、そこに含まれていない気がします。では、このテーマで語られた放送を購入してまで聴きたいと思ってくださったのは誰か。おそらく、有料コンテンツを買う立場ではなく、販売する側、または今後、自分もコンテンツを有料化しようと計画している方がほとんどではないかと思っています。

個人の発信や副業、フリーランスでの働き方が増えている今、コンテンツを有料化して収益を得るというテーマは、多くの人にとって関心が高く、同時に、そのむずかしさに頭を悩ませるトピックでもあります。

ミクロの視点で見れば、普段は好意的な感想がほとんどの音声配信のコメントに、顔が見えない相手から批判的な声が届いて精神的ダメージを受けた、ただそれだけの出来事です。

そのショックをなるべく早く忘れて過去のものにするのも、一つの賢い対処法。立派なスルー能力だと思います。

でも、それがうまくできないわたしのような人は、まずけっして感情的にならず、冷静に視野をぐっと広げて全体を見ながら、自分も相手も周囲も納得できる対応を考えてみるのです。すると、単なるクレーム対応に終わらない結果に到達できることもある。もしできなくても、自分としてはできることをやった、と思えれば、傷の回復期間は最短で済み、自ら決めた方針に自信を持って、また前へと進んでいくことができます。

宣伝を怖がらないためのマインドセット

ある日、Ｖｏｉｃｙの緒方憲太郎社長の放送を聴いていたら、「発信者は、視聴者に何をしてほしいかを必ず言葉にしてお願いすることが大切だ」という話をされていて、ハッとしました。

ＹｏｕＴｕｂｅではチャンネル登録を、Ｖｏｉｃｙならフォローや「いいね」を。たとえ毎日放送していても、しつこいと思われることを恐れずに、毎回ちゃんと言葉でお願いする。それをせずして、視聴者に行動させることはできない、という話でした。

たしかにその通りだ、と思ったわたしは、Ｖｏｉｃｙのリスナーさんにしてもらいたいことって何だろう、とあらためて考えてみると、答えはすぐに浮かんできました。それは「プレミアム放送を聴いてもらうこと」。

Ｖｏｉｃｙのプレミアム放送とは、月額料金を払ってくださるリスナーさんだけが聴ける有料放送のことです。毎月配信する本数や、放送時間の長さ、内容、料金設定など、運営方針はパーソナリティーごとに異なり、わたしは、リスナーさんをわが家の縁側に招いておしゃべりするような、一つのコミュニティーと捉えています。放送時間は無料の通常放送よりたっぷりとって、今頭の中にあること、取り組んでいる仕事や活動についてを本音で話したり、リスナーさんから届いた声に対してみんなで意見を出し合うような回もあります。

数百人のリスナーさんは住んでいる地域も年代も異なりますが、わたしの放送が好きで、課金までして聴きたいと思ってくださる方が集まると、顔は見えなくてもこんなに温かくて居心地のいい場所になるんだということに、いつも感動と感謝を持ちながら放送をつくっています。

内緒話や内輪受けで盛り上がるクローズドな場ではなく、興味がある人にはどんどん入ってきてほしいし、人数が増えるほど、コミュニティーとしての可能性や内容の充実度も増していくと信じています。そんな思いを語りながら、「だからプレミアムリスナーになってほしい」とある日の放送でお願いすると、反響は大きく、すでに加入してくださっている方々からは応援や推薦とも受け取れるコメントがたくさん入りました。また、パーソナリティー仲間や知人からは「言いにくいことをよくあんなに堂々と言えるね」と感心したような言葉をもらいました。

もちろん、怖くないわけではありません。有料コンテンツの宣伝は、課金をお願いする行為でもあり、それを毎日、放送のたびに行うことにいつまでも慣れません。それでも、やらなければいけないと思って取り組んでいます。

宣伝活動のモチベーションを支えているのは、2014年に制作した『sketch』という自主制作本を売り切った経験です。700冊の在庫が売れ残っていましたが、Voicyで毎日お知らせしたら、約1ヶ月で完売となりました。

お知らせを収録するたびに、「『また売れ残りの本の宣伝か、毎日うるさいな』と思われているんじゃないか」という不安が押し寄せました。でも、それを追い払ってくれるかのように、放送後には必ず注文が入り、「毎日聴いているうちに、だんだん欲しくなってきて」とか、「売り切れる前に思いきって購入します」といったメッセージが届くのです。そのたびに、「やっぱり伝え続けなければいけないんだ」という気持ちが引き締まりました。

宣伝を「しつこい」「うるさい」と感じる人は、そもそも商品を買う気がない可能性が高く、でもこちらが届けるべきは、「商品に興味は持っているけれど、まだ購入には至っておらず、最後のひと押しを待っている人」や、「今日初めてその宣伝を聞く人」です。対象を明確にして、そこへ向けて真摯に伝えていけばいいのです。

また、宣伝を怖がらないためには、勧める商品がよいものであると心から思えていることが大前提となります。こんなに価値があるものなのだから、一人でも多くの人に届けて、生活や気持ちを豊かにしてもらいたい。そんな思いと自信から生まれる言葉は、必ず人の心を動かし、行動を促します。

つまり、堂々と宣伝できる人は、商品に誇りを持っている人、それを多くの人に知ってもらうのだと使命感を持っている人、ということになります。そう考えたら、宣伝はイヤがられるものではなく、「よいものを教えてくれてありがとう」と感謝されるもの、というマインドセットが可能になります。

もう一つ、大切なのは、自分にとっては何百、何千、何万回目の宣伝文句であっても、今日初めて宣伝するように、言葉に気持ちを込めることです。「同じことを何回も言っていて、みんな飽きているんじゃないか」と思いがちですが、たしかに、収録した映像や音声を繰り返し流すだけのCMに対しては、受け取る側はそうしたうんざりした気持ちになりがちです。でも、今この瞬間に発せられている生の言葉に対しては、その拒否反応が起こりにくいようです。

インフルエンサーと呼ばれる立場の人に、出版や広告のオファーが集まるのは、その人に「広く伝える力」があるから。「よいものをつくってさえいれば、わかってくれる人はいるし、伝わる人には伝わる」という、かつてわたし自身も持っていた理屈は、今の時代、宣伝の努力をしない言い訳と受け取られても仕方ありません。

よい商品や作品、企画に自信があるなら、その魅力を広く伝えるための具体的な行動をする。それを他人任せにしない姿勢も、宣伝する力の一つだと思います。

誘われて悩んだときのマイルール

職場やママ友のコミュニティーにありがちなお悩みとして、「食事や集まりに誘われると断れなくて、でも付き合う時間はもったいなく感じる」という声をよく聞きます。

わたしの場合、郊外の自宅での執筆がメイン、という働き方になってからは、仕事上の交友関係もぐっと減ったし、子育てはしてもママ友と交流する余裕はないという慌ただしい日々を送ってきたので、誘われて困る相手から誘われる、という状況がそもそも起こりにくい立場なのですが、基本的には「誘われて悩む」ことはあまりなく、忙しくても行きたいと思えばなんとか調整するし、スケジュール的には行けるけれど、なんとなく気が進まなければ、すぐに断ります。すごく行きたいけれどスケジュール的にむずかしい、という場合は、その思いを伝えて次回につなげるお返事をします。

ただ、仕事のお誘いやオファーは、「誘われて悩む」ことがしょっちゅうです。こんな本をつくってみませんか、今度こういうイベントがあるので参加しませんか、こういうテーマで取材をさせてもらえませんか、といったお声がけのほとんどは、「面白そう！」と胸が躍るものばかり。

でも、すべてを引き受けていたら、今自分がやるべきことに集中して取り組めなくなります。だから、まずは魅力的なお誘いをいただいたお礼を伝えつつ、即答は避けて、少しだけ返事を預からせてもらいます。とはいえ、時間を置いて結局断るのでは相手に迷惑をかけるので、返事を保留した時点で、受けるか、断るか、自分の答えはどちらに針が振れているかを感覚的に把握しておく。もし断ることになりそうなら、できればその日のうちに、遅くとも2日以内には、誠意を持って断る意向を伝えます。もちろん了諾のお返事も、早いのに越したことはありません。宿題と同じで、早く済ませればそのぶん自分の心が軽くなるし、相手も喜んでくれます。

引き受けたい気持ちがあるのに返事に迷ってしまうのは、その予定が入ることで、他の業務に支障をきたすことが予測できるからです。こうした状況で決断するために、わたしが実践していることを整理してみます。

●時期は確定なのかを確認する

たとえば書籍の出版企画などは、「どうしてもいつまでに出さないと」というものではないことも多いので、最初にいただいた出版予定日を絶対と思わずに、自分が集中して制作に取りかかれる時期を相手に伝えて、交渉の余地があるかを確認します。

意欲はあって単にスケジュールの問題であることが伝われば先方も調整してくれるし、もし叶わなくても、またタイミングが合うときに、という可能性を残しながら一旦結論を出すことができます。

・心身のすこやかさが保てることを最優先する

企画内容だけを見るのではなく、その仕事を受けるとどんな日々になるかを脳内でシミュレーションします。

たとえば海外出張を含めた仕事と聞くと、一瞬は魅力的だけれど、前後のスケジュールで無茶をしては体力にも気持ちにも余裕がなくなってパンクしてしまいます。新たな仕事を入れるなら、もともと入っていた仕事を後ろにずらすなどして量を調整します。

よいパフォーマンスには、すこやかに安定した心身が必要で、そのためには自分のキャパを超える量は抱えない。サステナブルな働き方の感覚を少しずつつかみ始めた40代以降、とくに気をつけていることです。

・自分でなければいけないのかを見極める

フリーランス歴が長くなるほど、この判断基準を重視するようになってきました。すぐに代わりが見つかるなら、何の罪悪感も持たずに断っていいのです。どうしても自分にやってほしいと熱望されているオファーであれば、無理なくできる条件で相談させてもらいます。

年齢やキャリアにおけるフェーズにもよりますが、今のわたしにとってはどんな仕事も、楽しさよりストレスが上回るのでは、引き受ける意味がありません。また、やりがいを持って取り組めることはシンプルながらとても大事なので、かける労力に対して報酬が安すぎると感じた場合も、お断りの返事をします。

- 最後は「自分らしくいられるか」で決める

数十年も生きてくれば、どういう相手ならリラックスできるか、あるいは疲れてしまうか、経験から知っています。

チームを組むメンバーとの話しやすさや、テンポよくやりとりできるかを、会話やメールから冷静にジャッジして、なんとなく波長が合わないと早い段階で感じた相手は避けて正解。ここに目をつぶって仕事を受けたらトラブル多発、という苦い経験を教訓にしています。

こうして整理してみると、仕事に限らず、さまざまなお誘いに対して適用できる視点ではないでしょうか。

前提として、誘いを受けるにしても断るにしても、返事は早く、そして感じよく、を心がけながら、誘ってもらえること自体はありがたく思い、その感情と判断は冷静に切り分ける。

社会人30年、フリーランス歴も20年を超えて、幾度も味わってきた苦い経験から生まれたマイルールです。

悩みは打ち明けるのも聞くのも「軽めに」がいい

「今悩んでいることは何ですか？」と聞かれて、すぐ答えられるでしょうか。

自分や家族の病気、職場の人間関係、子育てなど、いつも頭から離れないほど深刻な悩みを抱えている人も、もちろんいるでしょう。それでも、どこかのタイミングで気持ちを前向きに切り替えて、折り合いをつけなければ生活が回っていかない。悩みがあってもなくても、わたしたちの日々は忙しく、うじうじと悩んでいる時間も案外ないものです。

若いころは、恋愛や仕事、転職や結婚など、悩み事がいつも何かしらあって、友だちを誘ってごはんを食べたりお酒を飲んだりしながら、何時間でも話し込むのを毎週のように繰り返していました。

振り返ってみると、あのころは時間があったんだなぁと思います。子育てが始まってからというもの、悩みはあっても、昔のようにお酒を飲みながら深夜までしゃべる、なんてことが簡単にはできなくなり、もしそんなごほうびのような日があったなら、悩みではなく、もっと楽しい話がしたいと思ってしまいます。すると、いつの間にか、誰かに悩みを打ち明ける機会はどんどん減っていき、それがいいのか、よくないのかはわかりません。人生経験を重ねたことで、同じことに直面しても、以前なら悩んでいたのが今は悩まなくて済むようになったのかもしれない。または家族にちょっと愚痴をこぼせばガス抜きができて、悩みにまで発展しないのかもしれない。

いずれにしても、悩む時間と、悩みを誰かに聞いてもらう時間が減ったことは、20代や30代のころと今を比較してみたときの、明らかな変化です。

だからといって悩みがまったくない、なんて人はおそらくほとんどいないはずで、では「小さな悩みは?」と聞かれてみたら、どうでしょう。

以前、知人と小さな悩みを10分ずつ打ち明け合う、という機会があって、これがとても有意義な時間でした。

相手は、複数人で会ったことはあるけれど、1対1でゆっくり話したことはなく、でも人柄も含めて信頼を寄せていて、緊張せずに話せる同年代の方。その日は仕事の用事で会った帰りにカフェでランチをご一緒しようとなって、そのときお互いの「小さな悩み」を打ち明け合ってみたのです。

共に後ろの予定があったので店に滞在できるのは1時間もなく、しかもランチをしながらのおしゃべりなので、本当に軽い悩みを言い合うことになりました。わたしは「休み下手でいつも気持ちに余裕がなく、仕事以外の趣味の本を読む時間もない」というもの。相手は、「いつもバタバタしていて忙しないから、もっとていねいに暮らしたい」というもの。

半分笑いながら話せて聞ける、その程度の悩みでも、言葉に出してみると、「自分の心を少し曇らせていること」を客観視できて、何か具体的なアドバイスをもらったわけでもないのに、心が軽くなりました。たったこれだけでも、外に出すのと出さないのとでは違うものなんだな、と拍子抜けしたような気分でした。

大きな悩みが一つあるのも、小さな悩みがいくつかあるのも、心身に負荷をかけていることには変わりなくて、ただ大きな悩みをすぐ解決するのはむずかしいけれど、小さな悩みをすくいあげて手放すのは、そうむずかしくない。そのわりに、はっきり自覚できるほどの効果があるのだから、やったほうがいいのかも、と思えたのです。

小さな悩みを聞いてもらうのは親友が相手でなくてもよく、むしろ親しすぎない関係、おまけに時間に制約があるほうが、軽やかで疲れないものかもしれません。

忙しい大人同士、悩みを話す側と聞く側の役割が決まってしまうと、話すほうはスッキリしても、聞くほうは損な役回りでそれこそが悩み、なんてことにもなりがち。交代でサクッと打ち明け合うと、お互いスッキリできて、「みんな悩んでいるんだ。自分だけじゃないんだな」と、どこかホッとする気持ちにもなれます。

その流れで思い浮かんだのは、わたしのＶｏｉｃｙのプレミアム放送の「縁側お悩み相談室」という人気コーナーのこと。

リスナーさんから届いたお悩みを、放送で何回か読み上げて、共感やアドバイスの回答を期限内に募集します。集まった回答を次の放送で紹介しつつ、最後にわたしからもアドバイスを添えるというもの。これまで、職場の同僚の不機嫌な態度に怯えてしまう人や、高齢の父が病に倒れて急に介護生活が始まった人、夫婦の危機を乗り越えたい人、反対に離婚したいと思っている人、大学生の娘が汚部屋暮らしで困っている人、ワンオペ育児に心身が疲弊している人……などから届いたお悩みを取り上げては、親身に寄り添うリスナーさんたちの回答をご紹介してきました。

音声チャンネルの有料放送内という、心理的安全性が保たれたコミュニティーで、顔も名前も明かさずに悩みを打ち明ける。聴いた人は「自分も似た経験をした」と共感のコメントを送る。コミュニティーに集う人数が多いほど、いろんな悩みと意見が集まり、自分だけじゃないんだと心強い気持ちになれる。悩みの解決法として効率がよく、それでいて温かくて、毎回感動します。

大人の悩みは、打ち明けるのも、聞くのも、距離感の近さは関係なく、軽やかなほうがスマート。そして時代にも合っていると、今は感じています。

「意見の違い」を上手に伝えるための戦略

「自分の意見をはっきり言うのが上手ですよね」と言っていただくことがあります。

「上手」というのは、安易に同意も否定もせずに、意見が違う相手の気分を害することなく、自分の考えを伝えられる、という意味だと思います。

自分の意見を怖がらずに言える性格は、たぶん子どものころから。7人家族の末っ子で、家族はみんな、温厚というタイプとちょっと違う、わりとアグレッシブで自己主張の強い面々で、「場の空気を壊さないように自分の言いたいことを我慢する」なんて必要がない環境で育ちました。

とはいえ、立場的には一番の下っ端ですから、言いたいことを堂々と主張もできず、ただじっと周囲の会話を聞いて、自分の意見を頭の中でまとめる練習をしていた気がします。それが「いろんな意見があるけれど、わたしはこう思う」とロジカルに説明できる力を養ったのかもしれません。

また、どっしりと落ち着いた印象を与える大柄な体格や低い声のせいか、実年齢より上に見られがちで、学生時代は「みんなの人気者」という目立つポジションについたことがありません。行動も人付き合いもマイペースを貫いてきたので、「誰からも好かれたい」という気持ちが、もともと薄いのだと思います。

もちろん、嫌われてもいいなんて思わないけれど、全員から好かれるなんてそもそも無理、ならばせめて、自分だけは自分のことをいいと思えるようでありたい。他人に言動を合わせて自己嫌悪に陥るより、そのほうがずっと健全だと思って生きてきた気がします。

大勢の注目を集める華やかな魅力は自分にはないけれど、話せば仲良くなれる友人はいつも数人はいたし、もしそうした相手と一時的に距離を置くことになっても、一人になることはそう悪くもなく、怖がるものでもない、と思っています。

なぜなら、好きなこと、満たされるものや時間、違和感を覚えることまで、自分のことは自分が一番よくわかっていて、一人で過ごす時間は、自分をじっくり癒すことができる時間でもあるから。そんな人間にとって、他人と自分が違うこと、同じ意見でないことなんて当たり前で、違いを前にしても「なるほど、そんなふうに考える人もいるんだ。面白いな」と思うだけ。相手や自分を否定する必要なんてなく、まずはその違いを受け入れて、相手がそう考えるに至った経緯を聞いたり、新たな視点を得た自分に少し変化が生じることを楽しんだりします。

だから「わたしはそう思わない」という意見を、最初から対立を前提とした攻撃的な物言いや文章で投げてくる人に遭遇すると、とても疲弊します。

わたしにとって、意見が違うことは対立ではないし、多様性を前提にいろんな意見を出し合うことに価値があると信じています。どんな正論も、自分だけが正しくて他は間違っている、という視野の狭い伝え方をしては、有意義な対話になりません。

発信をしていると、さまざまな意見がコメントとして届き、そこには「奈緒さんが話して（書いて）いたことに違和感を持ちました」という内容もときにはあります。でも、伝え方が上手な人のメッセージを読むと、必ず「意見を届けてくれてありがとうございます」という感謝の気持ちが湧いてきます。自分が話したり書いたりしたことに違和感を持った人が、こちらを気遣いながらも「あなたの発信を受け取ってこんなふうに思う人もいるんですよ」と教えてくれることが、顔が見えない相手に向かって発信をする側にとって、どれほどありがたいか。そういうメッセージは冷静で理論的で、時間をかけて書いて送ってきてくれたことが、すぐにわかります。

一方で、残念なパターンはたいてい、怒りの感情に任せて勢いで送ってきたことが文面から伝わってくるもの。これに対しては前述のような感謝の気持ちは起こりにくく、メッセージを送った人にとっても、そうなるとエネルギーの無駄遣いでしょう。

ある意見に対して反対の意見を伝えるときは、冷静になるまでは発言しないと決めたほうがいいと思います。

家族にまでこの姿勢を徹底できるかというとむずかしいのですが、少なくとも、1回の発言が自分という人間の印象を決めてしまうような、ある程度の距離感がある関係、つまり、仕事相手や、親友と呼べるほどではない友人関係、発信者とフォロワーという関係においても、感情的に意見をぶつけるのは避けるのが賢明。

誰かの意見を聞いて、「ちょっとそれは違うんじゃないか」という感情が湧き、それを相手に伝えたいと思ったなら、まずはしっかり頭をクールダウンさせること。その間に、どう伝えれば相手と対立せずにお互いにとって意義のある意見交換になるのか、よくよく戦略を立てるのです。その工程を踏むことで、反対の意見を述べたとしても「伝え上手な人」とみなされます。

感情的になるのは損で、冷静なのは得。それくらい、明暗はくっきりと分かれます。

言葉の力を知ったうえで言葉を選ぶ

この人なんとなくいいな、なんとなく苦手だな、と感じる、その「なんとなく」を突き詰めていくと、その人の口から語られる言葉の波動に対して、心地いいと感じるか、あるいは違和感を持つか、なのだと思います。

心地いいと感じる相手とは気が合うし、違和感を持つ相手は、すなわち「苦手」ってことになる。だから、普段の何気ないおしゃべりでも、どんな言葉を自分のボキャブラリーにするかは、どういう人を引き寄せるかを決めている、ということになります。

そう考えると、みんなが使っているからと、誰かを傷つける可能性のある表現を安易に使うことは、くれぐれもしないように気をつけたいと思います。

たとえば、世間でよく使われる「SNSのキラキラ」という表現に対して、気軽に言っている人に悪気はないことは知りつつも、一瞬モヤッとしてしまう自分に、あるとき気づきました。SNSで輝いているインフルエンサーを見ては「わたしなんて」と自信をなくす人を慰めようと、「SNSのキラキラなんてつくり物なんだから、それを見て落ち込む必要なんてないんだよ」といった文脈で使われているのを見ると、実際にキラキラ輝いているインフルエンサー本人が謙遜して言うのは気にならないのに、「舞台裏の努力を知らない他人がそれを言うのはいかがなものか」と思ってしまうのです。

誰かを慰めるために、まったく関係ない誰かのがんばりを揶揄する必要なんてない。誰かが活躍して輝いていることと、別の誰かが低迷していることは無関係なのだから、というのが、わたしの言い分です。

輝いている人には素直に憧れや尊敬を持つ。がんばっている人は素直に応援する。それができなくて、視界に入るたびになんとなく心がざわつき、つい皮肉っぽい一言でも言いたくなるのだとしたら、そのマインドは健康的とはいえないでしょう。棘のある言葉の波動で、同じようなマイナスのコンディションの人を引き寄せてしまうことにもつながります。

言葉は、よくも悪くも大きな力を持っている。そのことを、音声配信を始めてからはとくに強く感じています。

せっかくならその力をいい方向に使って、価値観の合う人たちを引き寄せながら、みんなでしあわせになりたいと思うのです。

音声のパーソナリティーをしている人が全員こういうことを考えているわけではないと思いますが、わたしのVoicyの放送を楽しみに聴いてくださるリスナーさんは、「奈緒さんの言葉選びが好きです」「自分の中で言葉にならなかった思いを奈緒さんが言語化してくれるのが気持ちよくて聴いています」といったことを、たびたび伝えてきてくれます。

そんなリスナーさんたちが放送に入れてくださるコメントも、やはり言葉選びが素敵なものばかりで、それらを放送内で読み上げる「コメント返し」は、わたしにとっても心地よく、大好きなコーナーです。そうして収録した放送を自分で聴き返すときも、「この場所は、心地よい言葉でつくられている」と感じます。

そのため、めったにありませんが、自分では使いたくない言葉が使われているコメントは読み上げない、という方針を持っています。なぜなら、わたしが大切に守っている穏やかで優しい世界を、違和感のある言葉の力で脅かされたくないから。差別や偏見をはらむワードや、安易なラベリングで対立構造を生みかねない言葉も、わたしが大切にしている世界には入ってきてほしくないと思っています。

価値観の多様性を認めることと、他人を傷つける言葉を容認することは、わたしにとっては全く別の問題で、大切にしているものや興味の先が違っている人が隣に座ったとしても、別に傷つけたり傷つけられたりする必要なんてない。言葉が放ったり引き寄せたりする力の大きさを知ったうえで、節度を持って言葉を使っていれば、自分と合う人は自然にそばに引き寄せて、合わない人はケンカしない程度の距離まで離れることができると思っています。

そうした言葉への感度を磨くためには、前述のわたしの例のように、自分が聞いてモヤッとする表現をやり過ごさないことも大切です。

「自分は何に対して違和感を持つか」がわかっていれば、自然に、自分にとって居心地のいい場所を見つけられるのですから。

感情的になりかけたら「心の距離」を取る

子育ても、夫婦の会話も、仕事のやりとりにおいても、感情的な状態からよい展開が生まれることはない、というのが、これまでの経験から学んだことです。

性格的には落ち着いているほうだという自覚はあり、感情の振り幅が大きいタイプでもないのですが、娘の中学受験に伴走していた時期は、体内に眠っていた内なる鬼が暴れているかのように、感情をコントロールできずに苦しみました。

相手はまだ小学生だというのに、早く勉強を終わらせたくて解答を盗み見ることに怒りが爆発してしまったり、そんな自分にショックと自己嫌悪を感じて泣きながら寝込んでしまったり。

更年期に入ったばかりというタイミングでもあったし、親子を苦しめるようにできている（とわたしには感じられた）中学受験の非情なシステムのせいにもしたくなりますが、とにかく、もう二度とあんな思いはしたくない、あんな自分とは永遠に決別したい、と思っています。

そんな苦い経験も踏まえて、「感情的にならない」というのが、今自分が優先すべきことの最上位に置いていることです。

感情的になりかけたら、何も言葉を発さずに深く呼吸してぐっと踏みこたえ、目的を思い出すこと。

受験期にわたしたち親子が毎日しんどい思いで勉強していた目的は、娘が行きたいと願っている中学校に合格することでした。

しかし成績は届いておらず、なんとか合格の可能性を引き上げるために、塾の先生が個別に出してくれた宿題をこなしながら、弱点を克服しようとがんばっていたのです。

けれど、今のままでは合格はむずかしいという現実的な危機感が、まだ11歳の子どもにはありません。それより、ただでさえ嫌いな科目の宿題が多すぎることにうんざりして、解答をこっそり写して、丸をもらって早く終わらせよう、という発想のほうが浮かんでくるわけです。

この状況では、更年期で毎日寝不足に悩む40代後半のわたしの張り詰めた神経がぷつんと切れて、鬼が現れても無理はないと、自分で自分に同情します。

では、こうした事態を回避するために、今ならどうするか。理想論ではありますが、「本来の目的に立ち戻ってみる」と思います。

受験勉強の目的が志望校合格であるのは一見当たり前に思えますが、ではなぜ合格したいのかというと、その学校に通うことがしあわせな中学校生活や人生につながっていくイメージを思い描いているからです。

わたしたちが日々、勉強したり、仕事をしたり、家族や友人と会話をしたり、ごはんを食べたり、休息したりしているのも、しあわせな人生を送るため。

それなのに、感情的な言葉を吐き出すほど、しあわせからはどんどん遠ざかっていく。なぜなら大声や攻撃的な言葉が聞こえてくる環境で、人はしあわせなんて感じられないからです。

だから、どんな厳しい状況に立たされても感情的にならないように、自分をコントロールする必要があるのです。

すぐできるのは、その瞬間の感情から心の距離を取ること。状況に飲み込まれず、まるで幽体離脱のように、目の前の出来事から意識を引き離すこと。

わたしの場合、中学受験の勉強は、娘の希望で隣に座って付き合っていましたが、それで怒ってしまうくらいなら、部屋から出て行ったほうがお互いのためであることが、今ならわかります。

この先も、成長した子どもの言動にイライラ、家の雰囲気が常にギスギスしている、なんてことになりかけたら、大学生以降であれば一人暮らしをしてもらおうと思います。わたし自身も24歳で実家を出て一人暮らしを始めましたが、その前は、親子で顔を合わせるたびにケンカが絶えませんでした。ところが離れて暮らすようになった途端、親の愛情やありがたさが身に沁みてわかるようになり、感謝を持てるようになりました。

一緒に暮らすことと仲が良いことは別の話で、仲良くいられる距離感を、その時々で調整しながら近づいたり離れたりすることが大切なのだと思います。

家族に限らず、誰かに何かを注意したい、相手の間違いを正したい、と思ったときも、たとえそれが正論であっても、感情に任せて一方的に相手を非難するのは逆効果。

自分が注意される立場を想像すればすぐわかることで、怒っている人を前にすると、相手が言っていることが正しい、自分が間違っていた、なんて反省する余裕などなく、自分が誰かに怒られている今の状況を早く終わらせることで頭がいっぱいになります。

購入した商品やサービス、ＳＮＳで見かけた誰かの言動に対して意見を言いたくなったときも、感情的に伝えた時点で、品性のないクレームや文句と受け取られて、まともな相手として扱われなくなる。つまり、感情的になった瞬間、舞台から降ろされてしまうのです。

そもそも物事には善悪も正誤もなく、事象の見え方は立ち位置によって変わります。心の距離がうまく取れないと、自分は正しくて相手が間違っているという図にはまってしまい、その主張を押し付けるような物言いになってしまう。

そうならないために、感情が揺さぶられる場面でも、心の距離感を操れるバランス能力を身につけたいと思うのです。

相手を傷つけずに本音を打ち明ける練習

本音で話すことって、実はすごくむずかしいものです。

本人に悪気はないとわかっていても、何気なく言われた本音にグサッと傷ついた経験は誰にでもあり、本音＝人を傷つける、というイメージもあります。

わたし自身、嘘をついたりお世辞を言ったりすることは苦手だし、周囲には正直な人という印象を持たれていると思います。でも、常に本音しか話していないかと聞かれたら、それは違います。

とくに現状に対する不満を身近な相手に伝え、その先により深い関係を築いていきたいと思いながら言葉を選ぶのは、長く文章の仕事をしてきた身にもかかわらず、本当にむずかしいと感じます。

それでも、ときにはその難題に向き合わなくてはいけない場面もある。夫婦や親子、親しい友人、会社の同僚、信頼する仲間……前提として愛情があったり、少なくとも嫌いの一言で切り捨てられない関係の中で、今のままでは自分も相手も何かがしっくりいっていない。どんなに気が合っても、過ごしてきた時間が長くても、血がつながっていても、あらゆる感覚や価値観が同じ人なんていないのだから、自分はこれがイヤで、だからこういうことはやめてほしい、こういうところを直してほしいという気持ちを、言葉で相手に伝えなければならない状況があります。

そんなときは、まず第一に、感情的に伝えないこと。そのうえで、相手をなるべく傷つけずに、お互いが今よりもっと心地よくいられるために話し合おうよ、という姿勢で対話することを心がけます。

相手への不満を本音で話そうとすると、知らず知らず攻撃的になって、互いの意見が対立してしまいがち。でも感情的になりさえしなければ、ケンカは避けられます。この「ケンカしない」ということが何より大切です。

また、このとき「裏の表現で伝える」ということも意識します。たとえば、「こういうところがイヤ」という感情を、そのままの言葉で発するのではなくて、「こうしてもらえるとうれしい」と言えば、相手を傷つけずに改善点を伝えることができます。婉曲的な表現では伝わらない相手には、「イヤ」という言葉をあえて使うとしても、なるべく軽い雰囲気や表情で言うと、真意は伝わりながらも、言われたほうもムッとしたり落ち込んだりせずに済みます。

そして、片方が言いっぱなし、言われっぱなしではなくて、じゃあ次はあなたから、とマイクを渡し合うように、双方が本音を吐露し合えば、最後はフェアな雰囲気に着地しながら話し合いを終えることができます。

こうして書くと、すごく簡単でシンプルなことなのに、それがむずかしいのがコミュニケーションというものなのでしょう。でも、むずかしくても疲れても、不満を飲み込んで自分の中に溜め込むことは、結局誰のためにもなりません。自分を大切にしない行為であり、相手を信用していないことでもあります。

長く関係を続けていくためにも、不満が溜まって怒りとなって爆発してしまう、または心身の不調というかたちでSOSが発動される前に、「本音を外に出す」

という時間をこまめに設けるようにしたいものです。

また、「本音」って不思議で、伝えることはむずかしいのに、「この人、本音で話していないな」というのは感覚的にわかるもの。

その見極めポイントが「カッコ悪い部分まで見せてくれているか」だと思います。

その人の奥にある、きれいじゃない部分まで見せてもらえると、「この人は本音で話してくれている」と安心できる。逆に、なんとなく表面的で、きれいにまとまった話ばかりする人からは、本音が見えません。

もちろんいろんな立場や性格もあるので、いつどんな状況でも本音が一番、なんて思わないけれど、相手の心を動かしたい、相手に心を開いてほしいと思うときは、先に自分が本音を語って自己開示すること。本音って、言うのが怖いぶん、届いたときの力は、それだけ大きいのですから。

本音を伝えるむずかしさは、こうして本を書いていても痛感することです。わたしの本音は、読んでくださる方に届くのだろうかと。ただ表面的にまとまっているだけで、結局何が言いたいかわからない文章になってはいないだろうかと。

誰かに深く伝わってほしいと思うとき、怖くても、大人の節度や思いやりを持ちながら、本音を語れる人でありたいと思います。

おわりに

「伝え上手になりたい」というタイトルは、本編の原稿もほぼ書き上がったころ、ふわっと頭に浮かんできた言葉を採用してもらいました。

約40本のエッセイの多くは、これまでVoicyの放送で語ったことを下敷きにしながらも、現在の自分の思考や価値観で一から書き直しています。

一度語ったことを、また新しい気持ちで書き直す、つまり、伝え直す、という行為そのものが、まさに伝え上手な人になるための訓練だったのかもしれないと、本を書き終えてみて思っています。

本編でもくり返し書いたように、伝える技術は、才能ではなく訓練です。回数をこなさない限り、上達もありません。だから、この本を読んでくださった方は、ぜひ今日から「伝える」の実践を、これまで以上に意識して増やしていただけたらと思います。

　そのとき、借りてきた言葉ではなく、自分の内側から生まれてきた言葉を使うこと。自分を大きく見せようとしない。緊張も無理に隠さない。「自分らしく話すこと」は、すなわち「自分らしく生きること」なのですから。

　この本が、自分らしい言葉を探す、そして見つける入り口となって、以前より、自分も他人も大切にしながらコミュニケーションを楽しめる助けとなったなら、それによって毎日をいきいきと過ごせる方が増えたなら、文章と声で、日々言葉を発信している立場としては、何よりの励みとなります。

　また、この本でVoicyに興味を持ってくださった方は、ぜひアプリをダウンロードしてみてください。ここで「家が好きになるラジオ」というチャンネルを持たせてもらい、日々発信を続けてきたことから、この本は生まれました。この先も、Voicyでの声の活動を通して、たくさんのリスナーさん、読者さんと出会い、みんなですこやかに人生を積み重ねていけたらと願っています。

　最後に、今回も素晴らしいクリエーターの方々と、一緒に本をつくれた喜びと感謝を伝えさせてください。

櫻井事務所の装丁に長く憧れを抱いていたので、13冊目の著作のデザインを櫻井久さんと鈴木香代子さんに手がけていただいたことは、わたしにとって大きな喜びです。

夫の小池高弘の絵の、文章と読み手の気持ちをやわらかくほぐしてくれる存在感にも助けられ、自分が読者としても好きだと思える本になりました。

この本の企画を立ててくださった編集者の楢原沙季さん、わたしが書いた文章や内容を尊重しつつ、より広く届けるための本にまとめてくださった多田千里さん、清水伸宏さんに、心より感謝申し上げます。

みなさま、ありがとうございました。

小川奈緒（おがわなお）
エッセイスト。1972年生まれ、千葉県出身。
早稲田大学第一文学部文芸専修卒業後、出版社勤務を経て、2001年よりフリーランスに。
ファッション誌のエディター&ライターとして活動したのち、現在は著作やnoteをメインに執筆を行っている。
また、音声プラットフォームVoicyで「家が好きになるラジオ」のパーソナリティーを務めるほか、
イベントやワークショップ、講演など幅広く活動中。
https://linktr.ee/nao_ogawa

デザイン
櫻井久
鈴木香代子（櫻井事務所）

DTP
ビュロー平林

校正
豊福実和子

編集
多田千里
楢原沙季

伝え上手になりたい

発行日　2025年3月24日　初版第1刷発行
2025年3月24日　第2刷発行

著　者　小川奈緒
発行者　秋尾弘史
発行所　株式会社扶桑社
〒105-8070
東京都港区海岸1-2-20　汐留ビルディング
電話　03-5843-8581（編集）
03-5843-8143（メールセンター）
www.fusosha.co.jp

印刷・製本　中央精版印刷株式会社

ISBN978-4-594-09841-4